Liderar não é preciso

Conheça também:

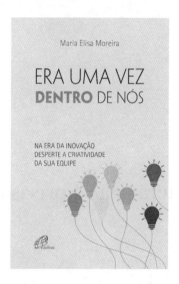

O uso de contos infantis para tratar
de inovação e criatividade no mundo corporativo.
Era uma vez dentro de nós apresenta conteúdo útil
e diferenciado para líderes e empreendedores.

Maria Elisa Moreira

Liderar não é preciso
Um guia prático para o dia a dia dos líderes

Paulinas

Dados Internacionais de Catalogação na Publicação (CIP)
(Câmara Brasileira do Livro, SP, Brasil)

Moreira, Maria Elisa
  Liderar não é preciso : um guia prático para o dia a dia dos líderes / Maria Elisa Moreira. – 3. ed. – São Paulo : Paulinas, 2012. – (Coleção caminhos da psicologia)

  ISBN 978-85-356-3300-9

  1. Administração 2. Comportamento organizacional 3. Liderança I. Título. II. Série.

12-10188   CDD-658.4092

Índice para catálogo sistemático:
1. Capacidade de liderança : Administração executiva 658.4092

3ª edição – 2012
5ª reimpressão – 2025

Direção-geral: *Flávia Reginatto*
Editora responsável: *Luzia M. de Oliveira Sena*
Assistente de edição: *Andréia Schweitzer*
Copidesque: *Simone Rezende*
Coordenação de revisão: *Marina Mendonça*
Revisão: *Sandra Sinzato*
Direção de arte: *Irma Cipriani*
Gerente de produção: *Felício Calegaro Neto*
Projeto gráfico: *Manuel Rebelato Miramontes*
Capa e diagramação: *Telma Custódio*

Nenhuma parte desta obra poderá ser reproduzida ou transmitida por qualquer forma e/ou quaisquer meios (eletrônico ou mecânico, incluindo fotocópia e gravação) ou arquivada em qualquer sistema ou banco de dados sem permissão escrita da Editora. Direitos reservados.

Cadastre-se e receba nossas informações
paulinas.com.br
Telemarketing e SAC: 0800-7010081

Paulinas
Rua Dona Inácia Uchoa, 62
04110-020 – São Paulo – SP (Brasil)
📞 (11) 2125-3500
✉ editora@paulinas.com.br
© Pia Sociedade Filhas de São Paulo – São Paulo, 2010

Dedico este livro...

Ao meu esposo Paulo.

Aos meus pais Maria José e Newton.

Aos meus irmãos Kátia e Daniel.

Aos meus filhos João e Bianca.

A Alexandre, Irene, Paulinho, Marina, Helena, Ana Maria e Tereza Costa.

AGRADEÇO...

A Deus, por me dotar de condições para a realização do meu trabalho.

A todos os professores e professoras que passaram e continuam passando pela minha vida, por iluminarem os meus caminhos.

Aos meus queridos alunos, participantes fiéis nessa trajetória de aprendizado e troca.

Aos meus clientes, por abrirem as portas de suas organizações na busca do desenvolvimento de suas lideranças.

Aos parceiros de trabalho, pelo espírito de compartilhamento e amizade.

A Adriana Caldana, Amanda Gouvea, Ana Cristina Limongi-França, Ana Lúcia Ribeiro, Ana Maria de Castro Zeituni, Ana Caroline Braz Mello, Ana Paula Azenha, Andréia Schweitzer, Angelita Amorim Rosa, Antonio Carlos Zeituni, Antonio Jose da Silva Tocca, Antonio Claudio Zeituni, Antonio Virgílio Bittencourt Bastos, Artur Cardoso, Belmira Orth, Benedito Rodrigues Pontes, Maria Bernadete Boff, Conceição Aparecida Carvalho Fernandes, Chica Vasconcelos, Daniel Branchini, Darcy Yumiko Yamaguchi, Dinah da Cruz, Edinei Aráujo, Elisete dos Santos Hid, Emila Meirelles Menta, Fabiane Borsato, Gabriela Salgueiro, Glaucia Telles Benvegnú, Helena Corazza, Helena Nunes Ribeiro Crépin, Helio Scoponi, Heloisa Hansel Vieira, Humberto Massareto, Jairo Eduardo Borges-Andrade, Joana Puntel, João Batista Ferreira, João de Assis Benvegnú, José Carlos Zanelli, José Eugênio de Oliveira Menezes, José Fernando Pinheiro, Josefa Soares dos Santos, Kátia Vandelind Schneid, Leo Bruno, Letícia Odilon, Liz Kimura, Lourdes Emy Sicussara, Luzia Sena, Marcelo Giannobile Marino, Márcia Dias, Margarida Hoffmann, Maria Aparecida Ferreira, Maria Helena Corrêa Magalhães, Mariana Citino de Arruda Botelho, Maurício de Paula, Midori Yamamoto, Mirna Grzich, Neide Souza dos Santos, Neide Frequete Scoponi, Nilcéia Leonelli, Ninfa Becker, Raquel Almqvist, Renata Diogo, Renata Leite Odilon, Roberta Pupo, Rosana Pulga, Rosangela Dueñas, Roseana Murray, Roseli Maglio, Sheila Garcia, Sílvio Di Flório, Tereza Lair Martins, Theophilo Lopes Andrade, Thiago Targino, Vera Lúcia Zanutto, Vera Rita de Melo Ferreira, Vera Valente, Verônica Frequete Scoponi, Victor Mirshawka Junior, Victor Hugo dos Santos, Vinícius Albuquerque, Wagner Barrico Junior, Zélia Bonna.

Prefácio

Nada melhor para iniciar esta obra do que um título provocador. Quando Maria Elisa enuncia, na terceira parte deste livro, as seis palavras-chave que permitem ao líder desenvolver-se – conhecimento, habilidade, atitude, visão, ética e sabedoria –, ela nos faz lembrar que o líder sábio é aquele que, entre outras coisas, provoca seus liderados a pensar e a refletir. E isto já está declarado na capa... Mas o leitor precisará avançar (prazerosamente, tenho certeza) pelas próximas páginas para desvendar este chamamento inicial à revisão dos seus próprios conceitos.

Liderar não é preciso oferecerá a todos uma jornada de provocação intelectual criativa, de aquisição de conhecimentos, de descoberta de habilidades, de renovação de atitudes, de esclarecimento de visões, tudo isso pautado na essência da ética. Posso afirmar isto por alguns motivos, que merecem breve explicação.

Em uma discussão recente, propus a um grupo de colegas que entre os principais desafios do mundo moderno estão:

- *acompanhar as mudanças, tanto pela complexidade como pela velocidade* – o mundo tecnológico moderno nos assombra com sua capacidade de fazer proliferar ideias, inventos, práticas, modelos, empresas e paradigmas de pensamento que sequer têm tempo de se estabelecer;

- *tomar decisões* – a quantidade assustadora de opções que temos, nos mais variados níveis, desde a aquisição de produtos em supermercados até o tipo de informação à qual vamos nos dedicar intelectualmente, torna o processo decisório no mínimo extenuante;

- *equilibrar desempenho x pressão* – seguramente, a cada ano, trimestre ou mês, somos mais cobrados por gerar desempenho, e isso ocorre em situações de maior pressão.

Neste sentido, todos precisamos exercer um hábito quase furioso, se não pelo menos disciplinado, de adquirir novos conhecimentos e competências apenas para nos mantermos em dia com as demandas que nos são impostas. E a leitura ainda ocupa papel de destaque neste exercício necessário de contínuo aperfeiçoamento. Esta obra sintetiza algumas qualidades fundamentais que vão tornar o trabalho do leitor muito mais simples e eficiente:

- a escolha de um tema atual e relevante, cujo entendimento ou aprofundamento agregará sensível valor;

- a organização das informações sobre o tema com rigor de pesquisa, mas também com uma enorme preocupação em tornar a leitura atraente e a apreensão dos conceitos mais fácil, a partir do uso de outros recursos que não só o texto, como exercícios, instantes para reflexão e proposição de diferentes estratégias de estudo;

- a demonstração de todos os conceitos no comportamento e exemplo vivo da autora – apesar do pouco tempo que a conheço –, posso declarar satisfeito e orgulhoso que em todos os projetos nos quais já tivemos a honra de trabalhar juntos, pude reconhecer sua capacidade de motivar pessoas, a ponto de enternecê-las com sua garra, seu amplo conhecimento, sua motivação e sua preocupação com um desempenho coerente com os desafios que se propôs a abraçar.

O leitor poderá rever conceitos ligados à liderança na primeira parte do livro, especialmente comportamento, cultura, motivação e clima organizacional; analisar situações práticas de liderança na segunda parte, diagnosticando o que pode ser feito para melhor liderar em cada uma delas; e clarificar sua própria habilidade de liderança na terceira. Isto é importante para virtualmente qualquer indivíduo que conviva em grupos nas empresas ou que atue no seu núcleo familiar e precise exercer a liderança.

Acima de tudo, ao ressaltar que o mundo moderno é movido por *sucesso*, *reconhecimento* e *prestígio*, e declarar que este livro trata do *sucesso* como o comprometimento individual para o crescimento e o amadurecimento, ou a busca pelo autoconhecimento, Maria Elisa traz um alento aos leitores ávidos, como eu, que se têm desiludido com as definições matemáticas e financistas do comportamento humano que gera exclusivamente resultados objetivos – afinal, *liderar não é preciso!*

Recomendo a todos que aproveitem imediatamente a chance de ter a mesma reveladora e revigorante experiência que tive ao folhear estas páginas pela primeira, segunda ou terceira vez, pois isto é o que ocorre com livros assim: querer se apropriar sempre um pouquinho mais do seu tesouro!

Victor Mirshawka Junior
Diretor da Pós-Graduação da
Fundação Armando Álvares Penteado (FAAP).

Legenda

Para facilitar a leitura e fazer com que seja melhor aproveitada, alguns ícones acompanharão os textos e indicarão, de modo simbólico, o assunto que está sendo tratado.

	Indica uma dica ou uma orientação específica.
	Símbolo do conhecimento e da exposição mais teórica em relação aos temas abordados.
	Indica uma leitura que ajudará a organizar um pensamento.
	Símbolo do exercício e da reflexão individual.
	Proposta de atividade em dupla.
	Símbolo do tempo, ajudará nos momentos de recolhimento para pensar em alguma questão.
	Estará presente quando se tratar de observar as situações reais.
	Indica uma cena de um filme a ser assistido.
	Indica uma música a ser ouvida.
	Simboliza metas e objetivos a serem alcançados.

Como ler este livro

Existem algumas possibilidades de leitura deste livro. Você pode fazê-lo sozinho, lendo no seu próprio ritmo, relembrando conceitos que você já conhece, checando os novos, degustando o aprendizado e fazendo os exercícios propostos. Neste caso, faça anotações específicas sobre aquilo que você percebe no seu dia a dia e que combina com cada uma das situações apresentadas.

Outra maneira é a leitura em dupla. Escolha um amigo ou amiga que seja um líder ou que você queira ajudar a compreender os conceitos e práticas deste livro. Cada um terá o seu livro e lerá todo o conteúdo, fazendo individualmente os exercícios. Vocês dois podem estabelecer uma data de conclusão da leitura e combinar um almoço, jantar, um café, levarem os livros com suas anotações e exercícios feitos, compartilhando a leitura, o que apreenderam, o que fizeram tornar-se realidade nas suas vidas pessoais e profissionais. Uma variação desta modalidade é fazer a leitura individual e os exercícios juntos. Ao invés de um único momento, vocês podem agendar vários encontros, ao longo de algumas semanas. Será uma leitura muito mais prazerosa, além de estreitar ainda mais os laços de amizade, aprimorar os conhecimentos e exercer o compartilhamento de ideias e sentimentos.

Caso você faça parte de um grupo ou comunidade, em uma empresa, escola ou instituição, você também pode organizar a leitura em grupo. Cada grupo terá o seu livro e você pode sugerir que a cada semana uma das pessoas do grupo fique responsável em preparar uma das reuniões, que pode ter duração entre 20 e 30 minutos. Você coordena o grupo, exercitando deste modo sua liderança e todas as pessoas poderão compartilhar suas respostas e experiências.

Vou sugerir ainda uma quarta maneira: a leitura em família. Às vezes pais, mães e filhos querem conversar sobre algum assunto, mas se veem perdidos em relação aos temas possíveis. Conversar sobre liderança fará com que a família se reúna em torno de um tema comum, pois estar em grupo e passar pelas mais diversas situações, seja no trabalho, seja na escola, faz parte da vida de todas as pessoas independentemente da idade. Será um momento importante para os pais falarem de suas experiências profissionais e os filhos exporem seus anseios. Quem sabe a escolha desse tema possa motivar a troca de ideias sobre outro e, assim, desligar a TV por ao menos 30 minutos para compartilhar a vida...

Imaginou outra opção de leitura? Ponha em prática, divida o conhecimento e congregue as pessoas!

A quem se destina

Este livro se destina a todos que queiram tomar contato com o tema liderança pelos mais diversos motivos.

É indicado para *pessoas que já exercem liderança* dentro de algum grupo. Muitos de nós já tivemos contato por meio de cursos, palestras e treinamento com o tema, mas às vezes é preciso relembrar alguns conceitos para poder colocá-los novamente em uso. Pode ser que a parte teórica você até já domine. Releia, então, com atenção, mas detenha-se sobre os exercícios que poderão ajudá-lo a perceber sua relação com as pessoas de sua equipe e com os resultados que ela está produzindo.

Também poder ser lido por *pessoas em processo de formação*, que ainda não tiveram nenhum contato com os aspectos teóricos e práticos do processo de liderança. Este livro foi escrito de um modo a facilitar o caminho de aprendizado destas pessoas também, seja pelos conhecimentos básicos aqui abordados, seja pela parte em que são apresentadas algumas situações reais.

Os *profissionais dos departamentos de recursos humanos*, especialmente dos setores de treinamento e desenvolvimento, podem utilizar o livro em rodadas de orientação para os líderes de suas empresas. Dentro de programas de capacitação de liderança, o livro teria grande utilidade na introdução do conceito, sendo utilizado como um subsídio, ao lado de filmes, músicas e dinâmicas de grupo. Uma sugestão de uso para o setor de T&D é fazer do livro um referencial que poderá contribuir, por exemplo, para treinamento focado no tema liderança e alinhado à missão, aos valores e aos objetivos da empresa em que se atua, acrescentando questões relevantes a ela ou ao seu segmento e fazendo com que o treinamento seja contextualizado, mas seguindo uma linha condutora a partir do livro.

Caso você seja *líder de outros líderes* em sua empresa, comunidade ou instituição, e não tenha um setor de recursos humanos estruturado, este livro poderá auxiliá-lo no processo de comunicação com sua equipe de líderes ou futuros líderes. Utilizando-se da leitura em grupo, como já sugerido anteriormente, você pode inserir assuntos pertinentes à realidade de sua organização a partir da realização dos exercícios.

O importante é usar a criatividade, o equilíbrio e o bom senso, transformando o conhecimento em partilha! Todos são convidados especiais a embarcar nesta leitura, uns pela vivência diária dos desafios de ser líder, outros pelos belíssimos trabalhos de pesquisa que realizam, outros ainda pelas reflexões e questionamentos, mas todos, ao seu modo, leitores e construtores do conhecimento sobre liderança em nosso Brasil.

Parte I

Liderar não é preciso

> *Se de um lado, proliferam modelos de gestão baseados essencialmente na avaliação e controle rígido de resultados, especialmente os financeiros, de outro, como num movimento de equilíbrio, a discussão em torno de mais humanidade no trabalho, como resultado do comportamento, também tem ganhado força* (MIRSHAWKA JÚNIOR, 2008, p. 71).

Num primeiro momento pode parecer estranho o título *Liderar não é preciso*, mas vamos buscar na história uma das explicações possíveis que nos ajudarão na sua compreensão. Muitos anos atrás, os navegadores europeus tinham uma frase marcante, tida por alguns pesquisadores como gloriosa. Era como quase um *slogan* dos velhos marujos, que zarpavam em suas naus em busca de riquezas, aventuras e conquistas.

A relíquia literária "Navegar é preciso, viver não é preciso" chegou até os dias atuais por meio da poesia de ilustres conhecidos como Camões (1572), Fernando Pessoa (1888-1935) e Caetano Veloso (1972) nos mais diferentes contextos. Navegar é exato, matemático. Viver não é exato, não é calculado, por mais que se façam planos e se estabeleçam metas. Viver continua e continuará sendo o grande desafio da humanidade, apesar dos planejamentos que fazemos para que ela seja melhor.

A poesia, somada à ciência e à vida prática dos líderes de hoje, é então um dos nutrientes deste livro *Liderar não é preciso*. Este tema é fruto de reflexões acerca das dificuldades encontradas pelos líderes que atuam nos mais diversos ambientes e segmentos organizacionais. Assim como os marinheiros usavam alguns instrumentos para sua a orientação no mar, hoje são utilizados diversos recursos para compreender não só como as pessoas trabalham em equipes, mas, principalmente, instrumentos que tornem a liderança mais eficaz e eficiente. Todavia, diferente da precisão necessária para o trabalho com as caravelas, certamente, os resultados obtidos no dia a dia não são tão precisos e exatos, principalmente quando o assunto é liderança.

Liderar não é exato nem preciso. Liderar é acima de tudo um exercício necessário de profundo respeito ao ser humano em sua totalidade.

Podemos encontrar diversas maneiras de medir, dimensionar, classificar, enquadrar o desempenho das pessoas de uma equipe, mas o processo de liderar pessoas não é matemático. A prática da liderança percorre um caminho um pouco diferente. Aproveitando-se da imaginação é possível visualizar hoje o mundo corporativo como uma evolução histórica do grande navio que flutuava no mar aberto nos convidando a zarpar para mares nem sempre tranquilos e serenos. Na maior parte do século XX o trabalho foi marcado pela ênfase no lucro e na competitividade, dando-se pouca atenção ao elemento humano, e nesse contexto, tentar definir o papel e o estilo de liderança não é uma tarefa simples, principalmente, quando associado à atuação das pessoas num mundo complexo como o que vivemos.

Aqui procuraremos refletir sobre o comportamento organizacional e suas facetas, como, por exemplo, cultura, clima, equipe, motivação e principalmente os aspectos ligados à liderança. Serão apresentadas também algumas situações práticas que nos ajudarão compreender o dia a dia a partir de reflexões sobre liderança e os tipos de equipes que podem existir. Também será feito um convite à reflexão pessoal sobre as chaves para o sucesso, levando em conta a necessidade de aprimoramento dos conhecimentos, a melhoria das habilidades, o alinhamento das atitudes, utilizando a visão para planejar com ética e buscando superar desafios.

A cultura é permeada de valores e crenças; ela não é criada ou mantida sem a existência das pessoas interagindo em grupo. O resgate dos significados originais da palavra "cultura" permitirá notar que ainda hoje este sentido existe nas organizações.

Na sociedade da informação, o que se procura é o líder que consiga guiar as pessoas pelo caminho do conhecimento, de modo ético e coerente, e, ao mesmo tempo, as faça colaborar para resultados eficazes. Ser líder está ligado à questão das pessoas se agregarem e reconhecerem a liderança e é sabido que tal reconhecimento só ocorre mediante a convivência diária do líder com os membros de seu grupo.

Serão trazidas algumas teorias para auxiliar na percepção dos líderes em relação às várias possibilidades de atuação e, consequentemente, a percepção do seu papel para obter melhores resultados.

Apesar dos cuidados metodológicos, o estudo sobre liderança apresenta várias limitações e possivelmente abre as portas para novas pesquisas. A qualidade das relações existentes no ambiente de trabalho, bem como a melhoria da qualificação dos profissionais que nele atuam, precisam ser aprimoradas continuamente.

Portanto, o sentido que é proposto no título é provocativo, convidando-nos a refletir sobre o equilíbrio que o líder deve desenvolver em sua atuação.

Liderar não é preciso no sentido matemático, mas é necessário no sentido da busca de reflexões e práticas adequadas e coerentes com o nosso tempo.

Navegar é preciso, viver não é preciso

> *O navegador faz uso de instrumentos precisos para se localizar e dar rumo a seu curso. O poeta, ao contrário, traz em seu discurso a possibilidade metafórica de um deslizamento incessante sobre a cadeia significante. Se o navegador é prisioneiro dos instrumentos, ou seja, só enxerga seu destino a partir destes, o poeta não se preocupa em ver, pois seu intento é viabilizar qualquer discurso, ou melhor, aviar um desejo. Algo escapa à precisão científica e à certeza do experimento. Navegar é preciso. Viver não é preciso* (ZENHA, 1993).

Em meus tempos de estudante, durante uma aula de Literatura Portuguesa, o experiente e entusiasmado professor nos convidou a uma leitura mais apurada da música Os Argonautas (Caetano Veloso, 1972). Sua sabedoria e declamações apaixonadas tornavam quaisquer textos mais fáceis, mas este, em especial, me marcou e agora tenho a oportunidade de trazê-lo à tona, não apenas liberando-o da memória, mas como forma de entender a natureza humana.

> O barco, meu coração não aguenta / Tanta tormenta, alegria
> Meu coração não contenta / O dia, o marco, meu coração, o porto, não
> *Navegar é preciso, viver não é preciso* (bis)
> O barco, noite no céu tão bonito / Sorriso solto perdido
> Horizonte, madrugada / O riso, o arco, da madrugada. / O porto, nada
> *Navegar é preciso, viver não é preciso* (bis)
> O barco, o automóvel brilhante / O trilho solto, o barulho
> Do meu dente em tua veia / O sangue, o charco, barulho lento / O porto silêncio
> *Navegar é preciso, viver não é preciso.*

liderar não é preciso | 23

COMPORTAMENTO ORGANIZACIONAL

> *O comportamento organizacional atinge seu mais alto nível de sofisticação quando adicionamos o sistema organizacional formal ao nosso conhecimento do comportamento dos indivíduos e dos grupos. Assim como os grupos não são apenas a soma dos membros individuais, as organizações não são simplesmente a soma dos comportamentos de diversos grupos* (ROBBINS, 2004, p. 13).

Para que possamos compreender a cultura organizacional e todos os temas que ela abrange, tais como o clima organizacional, a motivação e os estilos de liderança, é necessário num primeiro momento considerar o entendimento do fenômeno do comportamento dentro das organizações. Hoje, o comportamento organizacional está cada vez mais presente no interesse dos estudiosos das mais diversas áreas de atuação. Estamos mais abertos ao conhecimento das relações profissionais, uma vez que as formas de trabalho também são muito diferentes do que eram no passado.

O líder que se preocupa com os resultados que pretende gerar, bem como com a condução das pessoas de sua equipe, certamente está mais conectado às várias informações que possam dar-lhe a sustentação necessária no que diz respeito à sua compreensão sobre o comportamento organizacional.

Quando pensamos em comportamento organizacional, estamos nos referindo ao estudo sistemático das ações, atitudes e expectativas das pessoas dentro das organizações, e esse estudo não acontece de forma isolada: existem várias áreas que têm como objeto de pesquisa justamente o comportamento das pessoas no ambiente profissional. Os estudos mais recentes são frutos da convergência de várias escolas do pensamento, conforme podemos ver no Quadro 1.

Portanto, o estudo do comportamento organizacional é objeto de diversas ciências, entre as quais se destacam a Psicologia Geral, a Psicologia Social, a Sociologia, a Antropologia e as Ciências Políticas. Áreas como a Administração e a Psicologia Organizacional têm se debruçado com mais dedicação, produzindo estudos interdisciplinares sobre como as pessoas agem no espaço reservado ao trabalho.

No caso da Psicologia, a contribuição se dá pelo fato de sua base de estudo ter como foco o ser humano em sua individualidade. O comportamento organizacional passa pelo processo de aprendizado, percepção, personalidade, emoções, treinamento, liderança, forças motivacionais,

QUADRO 1 – Contribuição para o estudo do comportamento organizacional

CIÊNCIA DO COMPORTAMENTO	CONTRIBUIÇÃO	UNIDADE DE ANÁLISE	RESULTADO
Psicologia	Aprendizagem Motivação Personalidade Emoções Treinamento Tomada de decisão individual Eficácia da liderança Satisfação com o trabalho Avaliação de desempenho Mensuração de atitudes Planejamento do trabalho Estresse profissional	Indivíduo	Estudo do comportamento organizacional
Sociologia	Dinâmica de grupo Trabalho em equipe Comunicação Status Poder Conflitos	Grupo	
	Teoria da organização formal Tecnologia organizacional Mudança organizacional Cultura organizacional	Sistema Organizacional	
Psicologia Social	Mudança de comportamento Mudança de atitude Comunicação Tomadas de decisão em grupo Processos grupais	Grupo	
Antropologia	Valores comparativos Atitudes comparativas Análise multicultural		
	Cultura organizacional Ambiente organizacional	Sistema Organizacional	
Ciências Políticas	Conflito Políticas intraorganizacionais Poder		

Fonte: ROBBINS (2004, p. 4).

satisfação com o trabalho, tomadas de decisão, avaliação de desempenho, atitudes, métodos de seleção de pessoal, planejamento do trabalho e estresse profissional.

A compreensão da questão do comportamento organizacional se dá por meio de algumas questões importantes: a primeira é que o comportamento tem como referência a percepção individual; a segunda é que existem diferenças entre as pessoas, portanto elas agem de maneiras distintas; a terceira, que o comportamento é reativo, não ocorre por acaso; e, finalmente, que há maneiras diferentes de exercer influência sobre as pessoas. Todos estes aspectos colaboram para a consolidação do comportamento organizacional.

Na abordagem sociológica, cujo estudo recai sobre como as pessoas se relacionam umas com as outras, a contribuição se dá por meio da compreensão das dinâmicas de grupo, da concepção de equipes de trabalho, da cultura organizacional, da teoria e da estrutura da organização formal, da burocracia, da comunicação, do status, do poder, dos conflitos e do equilíbrio entre vida pessoal e profissional.

No caso da Psicologia Social, que é a soma dos dois conceitos acima citados, o objeto de estudo abarca, de modo objetivo, a questão da influência que uma pessoa tem sobre a outra. A contribuição obtida com base nesta ciência é o entendimento sobre mudanças de atitude, padrões de comunicação, maneiras como as necessidades individuais são satisfeitas pelas atividades coletivas, e quais os caminhos percorridos pelos membros de um grupo ao tomar decisões.

Os estudos das culturas, crenças, ritos e regras de uma sociedade têm embasamento teórico na Antropologia. Observar o comportamento organizacional sob esta ótica contribui para a compreensão dos valores, atitudes e comportamentos dos povos de diferentes países ou de indivíduos em diferentes organizações.

Quando se compreende a maneira de agir das pessoas e dos grupos inseridos num contexto coletivo, é possível obter algumas explicações que colaboram para o conhecimento das questões relacionadas à edificação dos conflitos e da manipulação por meio do poder, tão presentes em ambientes organizacionais.

O comportamento organizacional não é um elemento etéreo, ele pode ser mensurado, dimensionando sua realidade. Há três tipos de comportamentos que demonstram o desempenho dos funcionários: produtividade, absenteísmo e rotatividade.

A questão da produtividade parece clara, uma vez que existe a preocupação com a quantidade e a qualidade do que é realizado por cada colaborador. O absenteísmo e a rotatividade podem abalar negativamente os resultados, pois é quase impossível um funcionário produzir se não estiver presente em seu ambiente de trabalho.[1] No caso da rotatividade, esta pode colaborar também para o aumento de custos para a empresa com rescisões e novas contratações.

Existe ainda um quarto tipo de comportamento, que é chamado de cidadania organizacional. Este comportamento, mais positivo em relação aos anteriores, tem se mostrado fundamental para a determinação do desempenho dos funcionários. A cidadania organizacional é um comportamento que não faz parte das descrições funcionais do cargo, todavia, colabora para o funcionamento eficaz da organização. Entre os exemplos de atitudes que indicam um comportamento voltado para a cidadania organizacional estão: ajudar os colegas no grupo de trabalho, oferecer-se voluntariamente para tarefas extraordinárias, evitar conflitos desnecessários.

O estudo do comportamento organizacional também abrange a questão da satisfação no trabalho. São três as razões pelas quais os líderes devem preocupar-se com isso. Primeiro, porque há uma ligação entre satisfação e produtividade. Segundo, a satisfação parece estar negativamente relacionada ao absenteísmo e à rotatividade. Por fim, pode-se argumentar que os gestores têm a responsabilidade humanística de oferecer empregos

---

[1] Cabe ressaltar aqui que o ambiente de trabalho refere-se ao local onde efetivamente a pessoa atua, seja dentro da empresa ou em postos avançados, como por exemplo os trabalhos realizados fora do espaço físico da empresa, como o teletrabalho, os *home-offices* e outros tantos estilos de trabalho desta nossa época.

que sejam estimulantes, cuja essência seja gratificante e que proporcionem satisfação.

As causas e as consequências de determinadas atitudes e ações por parte das pessoas que atuam nas organizações dão base para o estudo do comportamento organizacional de modo mais amplo. Por conseguinte, estes estudos e suas aplicações dão origem a práticas e modelos de gestão que têm como centro a melhoria do ambiente e o desenvolvimento das pessoas e sua relação com o trabalho que exercem. O modelo de comportamento organizacional se constitui em uma das mais importantes variáveis de análise deste campo, pois com ele é possível obter uma série de informações que contribuem para o conhecimento e aprimoramento, não só de conceitos, mas, sobretudo, da prática da gestão de pessoas de modo mais eficaz.

Pense nisso!

Este espaço é seu! Registre aqui as informações que julgar importantes sobre seu comportamento dentro do ambiente de trabalho. Observe também como se comportam as pessoas que trabalham com você. Não escreva nomes. Apenas registre os comportamentos. Ao registrar os comportamentos o nosso olhar começa a exercitar a percepção dos fatos.

Um exercício interessante é ir escrevendo aos poucos, ao longo de determinado período. Ao final, você analisa quais são os comportamentos mais interessantes. Lembre-se: este é um exercício de *observação* e não de *julgamento*.

ORIGEM DA PALAVRA "CULTURA"

> *Em sentido antropológico, não falamos em cultura, no singular, mas em culturas no plural*
> (CHAUÍ, 1995, p. 295).

A palavra "cultura" é um termo polissêmico, ou seja, com vários significados, e cuja origem remonta a milhares de anos. Etimologicamente, seu principal significado conduz à tradição romana, onde o primeiro sentido estava ligado às questões agrárias. O que lhe dá origem é o verbo *colo*. No passado da língua romana, *colo* significava "eu cultivo", mais especificamente "eu cultivo a terra". Por ser uma derivação do verbo *colo*, o verbete cultura traduz-se por "aquilo que deve ser cultivado". As palavras que terminam em "-uro" e "-ura" são formas verbais que indicam futuro; portanto, para os romanos, cultura era literalmente "a terra que seria arada".

Este significado latino, mais destinado às questões da terra e seu cultivo, perduraram por séculos até que os romanos dominaram a Grécia e foram em parte helenizados. A vigorosa cultura romana foi influenciada pela arte e filosofia gregas. Para os gregos, o desenvolvimento humano já possuía um sentido por meio da palavra *paideia*, que significava o conjunto de conhecimentos que se devia transmitir às crianças.

Mesmo que a influência grega ocorresse de modo tão próximo ao cotidiano da população, o nacionalismo romano impedia que algumas palavras gregas fossem mantidas, exigindo-se traduções de alguns termos. Os romanos conheciam o significado da palavra *paideia*, mas não possuíam um equivalente em latim e não queriam utilizar palavras estrangeiras; passaram, então, a traduzir este mesmo conceito com a palavra cultura que já utilizavam para o contexto agrário. A palavra "cultura" passou a extrapolar o significado meramente concreto que tinha em relação à vida agrária, para alcançar o significado mais abstrato que compreende conjunto de ideias e valores. Assim sendo, um novo sentido foi dado à mesma palavra: o de transmissão de conhecimento de uma geração à outra.

Os anos passaram e a abrangência de significados ainda perdura. Prova disso é a existência de várias correntes teóricas que podem abarcar a compreensão de termo, como, por exemplo, a Antropologia, a Filosofia, a Sociologia e a Psicologia.

O reconhecimento da cultura como objeto de estudo, propriamente dito, nasceu com a Antropologia, que é a ciência que estuda o ser humano em seu sentido mais amplo, compreendendo suas origens, evolução, desenvolvimento físico, costumes sociais e crenças.

Esta ciência surgiu entre o final do século XIX e início do século XX graças a grupos de estudiosos que pesquisavam sociedades primitivas e suas diferenças por regiões e modos de vida.

As sociedades estão em constante movimento e transformação, daí o caráter plural da própria palavra cultura, que nos convida a olhar as diferenças presentes nos vários ambientes. Todos os dias são agregadas novas informações, que dão novos contornos à mesma cultura. Os valores, as crenças, as práticas e as instituições sofrem interferências todo o tempo, pois cultura é diversidade, complexidade e envolve muitos elementos. O conceito de cultura foi criado, portanto, para representar, em sentido bem abrangente, as qualidades de qualquer grupo humano que passe de uma geração para a seguinte. É essa transmissão que garante a perenidade da cultura, e desde sua origem já continha este propósito.

A racionalização acerca do que seria a cultura para os povos contribuiu para a evolução da filosofia, que nela descobre um modo de expressão da existência dos seres humanos, capazes de utilizar a linguagem, o trabalho e relacionar-se com a questão do tempo. Cultura é o exercício da pluralidade, exercício este que pressupõe uma vivência coletiva de criação de ideias e de símbolos expressos por meio do pensamento, da arte, da religiosidade e da vida política.

Pelo fato de a cultura ser uma expressão da coletividade, a Sociologia também tem sua contribuição no processo de compreensão do termo. O desenvolvimento de uma cultura necessita da existência de um determinado nível de compartilhamento da realidade social entre os membros de um grupo. A cultura de uma sociedade mostra os valores, as atitudes e os comportamentos das pessoas que nela vivem. No sentido sociológico, a cultura é trazida como componente do conjunto de ações humanas, transmitida socialmente e não geneticamente.

A cultura é criada e preservada através dos seres humanos. Os símbolos da humanidade são elementos compartilhados e, na maioria das vezes, os valores básicos permanecem na memória de forma indelével. Juntos, estes aspectos influenciam e explicam os comportamentos e as formas de agir das pessoas e dos grupos. Assim, para a Psicologia a cultura pode ser entendida como fonte de expressão do inconsciente humano.

Muitas correntes teóricas podem efetivamente dar direções para o entendimento do que a cultura pode significar dentro das instituições. A cultura não é um fenômeno que ocorre isoladamente. Ela é fruto do cotidiano e das regras estabelecidas entre as pessoas que compõem esta ou aquela sociedade – e isso cabe também às organizações.

As teorias têm a função de sextantes no processo de conhecimento e aprimoramento deste conceito. Todavia, nenhuma teoria substitui a imersão e a observação sistemática de como a cultura se manifesta na prática, principalmente no contexto organizacional.

CULTURA ORGANIZACIONAL

> *O maior perigo ao se tentar entender a cultura organizacional é o de supersimplificá-la. É tentador – e até certo ponto, válido – dizer que a cultura é apenas "o jeito como fazemos as coisas por aqui" [...]. Uma forma melhor de pensar a cultura é perceber que ela existe em vários "níveis", e que devemos compreender e administrar seus níveis mais profundos*
> (SCHEIN, 2001, p. 31).

A cultura que se apresenta diariamente nas organizações, por meio da trama de significados formada pelos próprios participantes, é denominada "cultura organizacional". Os entendimentos compartilhados fazem parte da história da organização e são gerados, gradativamente, por intermédio das relações estabelecidas entre as pessoas que atuam em coletividade.

A cultura organizacional é tida como um conjunto de mecanismos que incluem: controles, planos, procedimentos, regras e instruções que governam as ações, e não somente como uma interligação de comportamentos concretos e complexos dentro das organizações. Deste modo, apreender a cultura é estudar um código de símbolos partilhados pelas pessoas que fazem esta cultura acontecer e que são também valorizadas pela organização.

O interesse pelo estudo da cultura[1] dentro das organizações é um tema recorrente na literatura voltada para a compreensão das relações interpessoais dentro do ambiente de trabalho. Não é recente a observação sobre o tema da cultura organizacional e o quanto a cultura influencia as ações estratégicas nas empresas. Muitos estudiosos, que têm como foco a gestão de pessoas, dão relevância ao tema nos mais variados níveis de discussão. Os autores de administração contemporânea e de psicologia organizacional interpretam a cultura organizacional como fator que determina as ações estratégicas e que ainda colabora para a maior flexibilidade das empresas frente às velozes mudanças que ocorrem no mundo corporativo.

Conhecer a cultura organizacional auxilia no entendimento do modo de operar das pessoas dentro das organizações, e acima de tudo, melhora a percepção das relações propriamente ditas, tanto as internas, quanto as relações da instituição com o mundo.

As analogias facilitam a percepção da cultura em relação às organizações. Exemplo disso é a comparação que pode ser feita entre a cultura organizacional e a personalidade humana. A cultura organizacional é um reflexo

---

[1] A cultura tem sido estudada de modo tão abrangente que correntes vanguardistas têm apostado em um novo conceito: a inteligência cultural. A IC, como é chamada, pressupõe a habilidade do indivíduo em saber lidar com a pluralidade cultural, respeitando crenças e costumes. IC é a soma do conhecimento de diferentes realidades, consciência de si e dos outros e, aptidões para adaptar-se com sucesso a quaisquer ambientes culturais. Esta nova maneira de pensar a cultura está em sintonia com a tendência mundial de conectividade e relativismo comprometido (QUALIMETRIA, 2007).

da "personalidade" da organização, assim como a personalidade individual fornece as bases para as atitudes e os comportamentos. Para vários pesquisadores, a cultura organizacional é constituída de características que dão às organizações um modo particular de ser, como uma verdadeira criatura. A cultura está para a organização, assim como a personalidade está para o indivíduo. A cultura cria a identidade de uma instituição, assim como a identidade e o reconhecimento dos próprios colaboradores, dando-lhe forma, contribuindo para a construção dos modelos estabelecidos dentro da organização, no que se refere aos mais diversificados assuntos. As organizações têm uma série de elementos que as tornam diferentes entre si. Portanto a cultura organizacional é também uma coletânea destes elementos.

Entender como a cultura apresenta-se dentro das empresas não é uma tarefa das mais simples. Edgar Schein, um dos maiores pesquisadores dos temas associados à cultura organizacional, assinala que se quisermos realmente entender a cultura, devemos passar por um processo que envolve a observação sistemática e a conversa com os membros da empresa, para ajudar a trazer à tona as certezas tácitas. Portanto, decifrar a cultura de uma organização é um processo altamente subjetivo e interpretativo, que exige discernimento sobre atividades do passado e as atuais. Compreender verdadeiramente como se manifesta a cultura de determinada instituição em toda sua abrangência social é fundamental para quaisquer intervenções que venham a ser realizadas junto a essas organizações.

A cultura organizacional manifesta-se de forma peculiar. Cada organização expressa, a seu modo, uma cultura diferente da outra; assim como existem diferentes sociedades, as organizações também são diferentes entre si. O dia a dia de uma sociedade é permeado por crenças, rotinas e rituais, assim como nas organizações corporativas. Por ser um fenômeno social, os relacionamentos grupais formais e informais se mesclam e dão forma à cultura organizacional, a qual vai sendo constituída por estas diversas variáveis que interagem e complementam o que o grupo aprende e experimenta, tanto do ponto de vista administrativo e político quanto do ponto de vista psicológico.

Edgar Schein define a cultura como sendo a soma de todas as certezas compartilhadas e tidas como corretas e aprendidas por um grupo ao longo de sua história. Portanto, as condutas internas das pessoas dentro das empresas espelham e refletem o modo de vida da própria organização. A cultura organizacional é viva, pulsante e dinâmica. Assim, para compreendê-la profundamente é necessário ir além da teoria.

Um aspecto significativo dentro desse processo é o reconhecimento de que a cultura existente em uma determinada organização precisa ser legitimada por todo o grupo. Esta ação é fundamental para que todas as pessoas envolvidas aceitem algumas condições para a manutenção da cultura em vigor; caso contrário, ocorre perda de significados para os indivíduos e consequentemente para o grupo, o que enfraquece ou, como ocorre em muitos casos, altera a cultura vigente.

Em relação à questão dos significados, a cultura organizacional representa um conjunto de ideias acolhidas publicamente e que operam por um período de tempo estipulado. Todavia, mesmo que os significados tenham sido aceitos coletivamente, eles passam pela interpretação pessoal de cada membro envolvido no processo, interpretação esta referendada por sua história de vida pessoal, suas raízes culturais e sociais.

Para compreender como a cultura organizacional se manifesta, faz-se necessário observar como alguns elementos se destacam. Refletiu-se anteriormente sobre as crenças, as rotinas e os rituais como fatores importantes de demonstração da cultura. Outros aspectos fazem também parte do universo corporativo no que se refere a estas manifestações, como, por exemplo: mitos, sagas, sistemas de linguagem, metáforas, símbolos, cerimônias, sistemas de valores e normas de comportamento. O conceito de cultura organizacional tem como base essas crenças, valores e expectativas dos membros da organização, ressaltando-se a produção de regras próprias de conduta, conferindo deste modo novo formato à cultura existente.

Cultura organizacional é o estilo de vida próprio que cada organização assumiu para si. As instituições, com todas as suas particularidades, vão vivendo e acumulando, consciente ou inconscientemente, estas crenças, expectativas e valores. No decorrer dos anos existe certo condicionamento, tanto das atitudes das pessoas envolvidas quanto dos comportamentos. As regras de conduta possivelmente têm sua gênese nas crenças e expectativas dos grupos dentro das organizações.

A cultura organizacional manifesta-se no dia a dia das pessoas que interagem no ambiente de trabalho e na aceitação do que pode ou não pode ser dito ou realizado dentro deste mesmo ambiente. A cultura organizacional é a forma aceita de interação e de relacionamento próprios de cada organização. Deste modo, a cultura organizacional pode ser entendida como um acordo estabelecido por todas as pessoas que atuam conjuntamente, o que contribui para o reforço de certos comportamentos e a sua transmissão para os novos membros que venham a compor o grupo de trabalho.

A cultura organizacional carrega significados simbólicos e representativos, além de possuir uma face política e de controle que contribui para a detecção do que deve ser seguido e do que deve ser evitado, colaborando deste modo para a manutenção de alguns comportamentos e a exclusão de outros. Este caráter representativo da cultura é explicado por Schein, que propõe a existência de níveis de manifestação da cultura. De acordo com esse pesquisador, são três os níveis da cultura, do mundo visível ao mundo tácito e invisível.

O primeiro deles é chamado nível dos *artefatos*. É o nível para o qual se tem mais facilidade de percepção, pois trata do que é aparente, visível, ouvido e sentido, enquanto se está dentro da organização, pois o impacto emocional é imediato. Existem muitas maneiras de a cultura ser percebida: por meio das roupas e pela maneira como as pessoas se mostram às outras; o modo como clientes, fornecedores, funcionários e visitantes são tratados; os temas preferidos das conversas informais e frases utilizadas pelas pessoas no ambiente. Todos estes elementos de fácil percepção estão imbuídos de crenças, valores e demonstram traços da organização.

O segundo nível trata das primeiras instruções aprendidas por uma pessoa ao entrar para uma organização. Esse nível é chamado de *valores casados*, que necessariamente precisam ser repassados por alguém que já está na organização há mais tempo. A cultura organizacional é o modo de se fazer coisas, englobando o pensar, o sentir e o agir das pessoas em relação às situações com as quais elas se deparam cotidianamente. Para a organização, valores são partes constituintes de um todo altamente valorizado e que predominam sobre a tomada de decisões, a solução de conflitos entre as pessoas e que todos auxiliam para sua transmissão.

A organização precisa reunir um conjunto de valores que, ao ser compartilhado com todos os seus membros, gera uma ação coordenada para o alcance dos objetivos organizacionais. Valores compartilhados facilitam a delegação e a eficácia das decisões, além de proporcionarem unidade de imagem e identidade à organização (RÉVILLION, 2005, p. 74).

Os valores compartilhados interferem no modo de sentir, pensar e agir dos membros das organizações. São sempre as pessoas que geram e mantêm a cultura de uma instituição. A cultura só pode ser transmitida e consolidada por meio das ações e manifestações das pessoas.

As *certezas tácitas compartilhadas* é a expressão utilizada para o terceiro e mais profundo nível da cultura organizacional. Este é o nível mais denso de apreensão da cultura. Compreender a cultura de uma organização implica em conhecer sua história, assim como as crenças, os valores e as certezas mais profundas de seus fundadores e que foram assimiladas em conjunto, compartilhadas e tidas como corretas.

Apesar de a cultura organizacional ser algo intangível, ela se expressa e se materializa no código de ética, na carta de princípios, na filosofia, na declaração da missão, da visão e dos valores da empresa, nos seus *slogans*, por meio de suas figuras de referência e pelo comportamento das pessoas que atuam na organização.

Estes três níveis têm caráter didático, uma vez que não se apresentam necessariamente nesta ordem dentro das empresas e nas instituições. A cultura organizacional, como já citado, é dinâmica, e este dinamismo lhe confere a possibilidade de inúmeras manifestações, uma vez que a formatação e a construção da cultura é diária e informal. A cultura não é necessariamente planejada, pois é formada de pessoas e as pessoas mudam todo o tempo. Consequentemente, a cultura está em constante movimento.

A cultura organizacional é constituída pela soma das experiências do grupo, de acordo com sua vivência e maneira de responder e se comportar frente aos desafios do ambiente. A cultura de uma organização vai sendo forjada a partir da adequação dos comportamentos diante das inúmeras situações às quais os grupos são expostos, de uma experimentação que deu certo, que recebe adesões e passa a ser a forma eleita pelo grupo como sendo a mais correta ou, às vezes, a única forma de ser, em relação a um determinado acontecimento.

Vários fatores podem influenciar a construção e a manutenção da cultura organizacional. O primeiro deles são os *fundadores da organização*. Essas primeiras pessoas deixam marcas significativas na história de uma organização. São figuras singulares para a cultura de uma instituição, impregnando-a com suas crenças, seus valores e suas personalidades. Além da presença marcante dos fundadores, existe um fator complementar: a cultura torna-se autossustentada a partir de algumas escolhas que fundadores e líderes sucessores fazem. Supondo que a organização tenha êxito em seus empreendimentos com base na cultura existente, os líderes escolherão no mercado e manterão atuantes pessoas que compactuam com a cultura existente, que acreditam nesta estrutura e nos traços que parecem garantir o sucesso da organização, contribuindo deste modo para sua manutenção e perenidade. Quando há retornos positivos dos resultados, ocorre um reforço positivo sobre as pessoas da organização e, assim, a cultura se desenvolve e se revigora.

O ramo de atividade da organização também tem papel fundamental. Alguns, em função do tipo de produto que produzem ou do serviço que prestam, ou ainda do mercado em que operam, são mais exigentes do que outros. Isso acaba impactando na tecnologia, na estrutura e na sofisticação dos processos de trabalho e também na própria característica de seus recursos humanos. Consequentemente, a cultura também é influenciada.

Um terceiro aspecto que contribui para a construção da cultura organizacional diz respeito aos dirigentes atuais, que podem gerar forte influência sobre a cultura de uma organização. Em alguns casos, o ingresso de apenas um influente líder pode modificar radicalmente a cultura. Tudo depende do grau de poder e do estilo desse novo membro.

A localização geográfica de uma organização também pode exercer forte efeito sobre a cultura. Cidades e regiões diferentes produzem culturas diversas nas organizações. O fato de uma empresa estar em uma grande capital influencia sobremaneira sua cultura, assim como organizações localizadas em cidades menores, longe de grandes centros urbanos, apresentam características culturais bastante peculiares. A escolaridade e o nível socioeconômico de uma determinada população também vão imprimir valores, crenças e trazer novos ingredientes. Logo, isso se refletirá no padrão cultural vigente.

Certamente a cultura organizacional não pode ser reduzida a três níveis de compreensão e quatro elementos de manifestação. A cultura organizacional, como foi dito anteriormente, é intensa e complexa. Na era de novas tecnologias, novos conhecimentos e contundentes quebras de paradigmas fazem-se necessários a ampliação e o aprofundamento do conhecimento.

Quando se trata da apreensão de níveis mais profundos, como os citados por Schein, vale ressaltar que a cultura organizacional é permeada por valores e crenças consolidados por grupos de pessoas que estão em constante mudança, ou seja, cada pessoa comporta-se de modo diferente, dependendo do estímulo que lhe é apresentado. Portanto, os níveis citados não são estáticos, pois sofrem as interferências inerentes à participação das pessoas no processo de formatação da cultura organizacional.

A nomeação dos níveis de cultura organizacional e a possibilidade de entendimento de algumas formas de manifestação da cultura auxiliam na compreensão do quão importante é o estudo do clima organizacional, pois enquanto o termo cultura organizacional refere-se a aspectos descritivos da organização, o clima organizacional será a expressão afetiva de como estes elementos culturais impactam na satisfação das pessoas nas organizações.

Converse com alguém

Cultura organizacional. Este assunto dá o que falar! Principalmente para um líder como você. Convide alguém com quem tenha um diálogo bem bacana e que faça parte do seu cotidiano profissional. Conversem sobre o que entenderam em relação à cultura organizacional e como ela pode ser percebida no local onde vocês atuam. Utilizem como referência os três níveis: *artefatos, certeza tácitas* e *valores casados*, associando-os ao papel da liderança.

_____

_____

_____

_____

_____

_____

_____

CLIMA ORGANIZACIONAL

> *Avaliar o clima permite às organizações identificar as percepções de seus empregados sobre diferentes aspectos que influenciam o seu bem-estar no trabalho, permite aprimorar continuamente a qualidade do ambiente de trabalho e, consequentemente, a qualidade de vida no trabalho*
> (LUZ, 2003, p. 142).

Nos últimos anos a questão do clima organizacional saiu dos manuais e da oratória dos cientistas para tornar-se referência de aspectos práticos ligados às perspectivas financeiras das organizações. Dados da Pesquisa de Políticas e Práticas de Clima Organizacional,[1] produzida pela Watson Wyatt,[2] apontam que o estudo referente ao clima organizacional tem hoje sustentação econômica que lhe confere importantes méritos.

A pesquisa realizada apresenta quatro aspectos que servem de elo para os resultados gerais das organizações. O *comprometimento* é o primeiro e indica o nível

---

[1] A Pesquisa de Políticas e Práticas de Clima Organizacional foi elaborada por João Paulo Boyadjian, com a participação de gestores de 170 empresas de segmentos diversos de mercado. Metade das organizações conta com mais de 2 mil funcionários e possuem faturamento de até R$ 1 bilhão. A pesquisa foi realizada no Brasil entre dezembro de 2005 e abril de 2006.

[2] Watson Wyatt é uma empresa de consultoria presente em diversos países do mundo, especializada em capital humano e consultoria financeira.

de satisfação e interesse das pessoas em fazer com que as empresas tenham êxito. O segundo diz respeito à *abrangência da visão* em relação aos resultados esperados. Um terceiro aspecto levantado faz menção aos *valores* assimilados e vividos pelo grupo. Os chamados *elementos capacitadores* surgem como quarto item, avaliando as ações de treinamento e subsídios para o cumprimento de papéis organizacionais.

O cenário organizacional sofre grande influência e é muitas vezes determinado pelo clima de trabalho. É interessante analisarmos alguns números resultantes dessa pesquisa da Watson Wyatt. O estudo enfatiza que as organizações que possuem políticas de clima organizacional consolidadas apresentaram um aumento de 17%, em média, na rentabilidade sobre *Return On Equity* – ROE [Retorno sobre o patrimônio líquido].[3] A rentabilidade foi de 15% entre as empresas que fazem uso racional das políticas relacionadas à gestão do clima. Nas organizações que devotam baixa crença à ferramenta, os índices foram de 4,9% negativos. Levando em consideração a simplicidade e ao mesmo tempo a clareza destes números, é pertinente e relevante o estudo deste tema no contexto organizacional. Avaliar e dimensionar o clima organizacional deixa de ser apenas um instrumento de averiguação das sensações e percepções do grupo para

---

[3] Este índice mede a capacidade da empresa em remunerar adequadamente o capital que os proprietários investem na empresa. Quanto maior o ROE, melhor é a situação do investimento.

tornar-se um aliado fundamental no processo de planejamento de ações estratégicas, colaborando não só para a saúde do trabalhador, de forma ampla e irrestrita, mas também para o sucesso e manutenção da organização.

A contemporaneidade do tema exige atenção para a possibilidade de ocorrer um equívoco de significados quando os temas citados são cultura ou clima organizacional. Existem elementos presentes no clima organizacional que, semelhantemente à cultura organizacional, não são aparentes, tendo sua origem na percepção das pessoas. Daí a necessidade premente do encontro de instrumentos e ferramentas capazes de trazer os dados de modo objetivo e pragmático. A relação de casualidade está presente na análise do clima associado à cultura organizacional e é tênue a linha que separa a compreensão de um e de outro conceito. Embora o clima organizacional seja algo abstrato, ele se tangibiliza nas organizações por meio de alguns indicadores que dão sinais sobre a sua qualidade.

De modo geral, a cultura organizacional interessa-se pela *natureza* das crenças e expectativas sobre a vida organizacional, algo sutilmente diferente do clima que, segundo os autores, é um indicador da *realização* dessas crenças e expectativas. O clima organizacional é um conceito que pode ser medido, ao passo que a cultura é mais qualitativa e de natureza menos palpável. O clima pode ser influenciado por fatores tanto internos quanto externos à organização; em contrapartida, a cultura organizacional pode ser um grande determinante de alterações significativas no clima organizacional.

O clima organizacional é um evento de interesse científico vinculado à experiência sensorial imediata e duradoura tendo como parâmetro a vivência das pessoas, enriquecida pelas dimensões da organização e compartilhada pelos membros entre si. Gerenciar o clima organizacional é uma ação estratégica, como mostra a pesquisa citada há pouco, uma vez que a motivação dos trabalhadores representa um imperativo para o sucesso dos empreendimentos. Há uma relação dialética entre o clima no ambiente de trabalho e o comportamento individual, pois o clima organizacional influencia o modo de agir das pessoas, assim como este mesmo comportamento pode interferir no ambiente de trabalho.

Atualmente o líder interessado em avaliar e mensurar o clima organizacional tem à sua disposição instrumentos que auxiliam no processo de levantamento de dados. No entanto, a evolução do que se espera dos instrumentos, de acordo com a época a que eles pertencem, é perceptível. Os levantamentos sobre clima evoluíram muito nos últimos anos. No início dos anos 1990, o destaque era a mensuração dos níveis de satisfação dos colaboradores. A partir de 2000, a questão era medir o comprometimento das pessoas e o quanto estavam motivadas. Hoje ainda permanece a avaliação do nível de motivação, mas acrescentam-se índices que observam o empenho dos funcionários para com a organização, verificando-se o conhecimento sobre o que devem fazer e se as atitudes pessoais e os comportamentos grupais estão em linha com os valores desta mesma organização.

Turnover elevado, absenteísmo, pichações em banheiros ou áreas comuns da empresa, falta de comprometimento com os programas internos, apatia em relação às ações da empresa, greves, conflitos dos mais diversos, desperdício de material ou queixas em relação à saúde física e emocional são manifestações muito concretas de alteração funcional, ou seja, são indícios de que existe algo desconfortável em relação ao clima e ao ambiente de trabalho, que precisa passar por avaliação e melhorias.

Quadro 2 – Indicadores do clima organizacional

Indicador	Denotação
Turnover	Rotatividade do grupo pode denotar falta de comprometimento.
Absenteísmo	Número de faltas e atrasos podem também denotar falta de comprometimento.
Pichações nos banheiros	Críticas e agressões direcionadas indicam estado de satisfação dos funcionários.
Programas de sugestões	Quando malsucedidas, indicam falta de comprometimento.
Avaliação de desempenho	O baixo desempenho pode ser consequência de desânimo e apatia em relação à empresa.
Greves	Reação dos empregados ao seu descontentamento com a empresa.
Conflitos interpessoais e interdepartamentais	Geralmente o modo pelo qual fica bastante explícito o clima estabelecido na empresa.
Desperdícios de material	Forma velada de as pessoas se manifestarem contra as condições de trabalho.
Queixas no serviço médico	Local onde os empregados confessam suas angústias em relação à sobrecarga de trabalho, humilhações, exposição a situações vexatórias, constrangimentos, discriminações.

Fonte: LUZ (2003, pp. 32-33).

O quadro 2 apresenta alguns indicadores de clima para exemplificar os tipos de comportamentos contraproducentes que podem existir dentro de qualquer organização. O clima organizacional é fruto tanto dos aspectos positivos e negativos da cultura como também dos fatos e acontecimentos que ocorrem fora do ambiente organizacional.

Apesar de a administração do clima organizacional ser uma incumbência geralmente colocada para o departamento de recursos humanos, esta é uma responsabilidade que cabe a todos os setores da empresa. Por meio da pessoa que exerce o cargo de liderança, é preciso saber o grau de satisfação, as expectativas e as necessidades dos grupos de trabalho. Este conhecimento é primordial para a melhoria do ambiente organizacional e, consequentemente, da qualidade dos serviços prestados.

No Brasil, o estudo do clima organizacional foi influenciado pelas primeiras aplicações dos princípios da Qualidade Total,[4] que envolve não só as questões relacionadas aos produtos, mas, sobretudo, à qualidade das relações no ambiente de trabalho. As novas tendências

---

[4] A partir de 1998, nos critérios da Fundação para o Prêmio Nacional da Qualidade, foi incluída, no item "Gestão de Pessoas", a recomendação de se criar e manter dentro da empresa um ambiente que leve à excelência no desempenho, à participação e ao crescimento tanto da empresa quanto das pessoas. Segundo o Sebrae, o conceito de Qualidade Total extrapola os conceitos de qualidade dos produtos e serviços, estendendo-se para questões como limpeza do ambiente, atenção no atendimento, apresentação e exposição dos alimentos, qualidade dos banheiros, satisfação e boa aparência dos funcionários, educação e treinamento, bem como o trabalho de pós-venda e serviço de atendimento ao cliente. A Qualidade Total compreende as questões de qualidade de vida e qualidade ambiental (Sebrae-SP, 2007. Disponível em: <www.sebraesp.com.br>).

de gestão têm colaborado para a evolução dos instrumentos de percepção gerencial e sua ampla utilização.

Tendo como referência a gestão de pessoas, e até mesmo processos com base no clima organizacional, surgem duas considerações: uma de natureza econômica e outra de natureza social. A primeira tem por objetivo melhorar a produtividade das organizações, com o aumento do engajamento e do comprometimento dos colaboradores. A questão social reporta-se ao zelo com a qualidade de vida do trabalhador, bastante difundida, cobrada e necessária nos dias atuais.

O clima organizacional está sujeito a estas condições, bem como à estrutura e à cultura organizacionais existentes, ao espaço para participação pessoal, ao sentido do trabalho, ao modelo de equipe, ao estilo de liderança e também à avaliação e remuneração das pessoas.

O equilíbrio entre a demanda por resultados, da qual depende a eficácia e o sucesso da organização, e a atenção aos diferentes níveis de necessidades das pessoas envolvidas neste processo dá margem para reflexões a respeito do quanto tais elementos influenciam os aspectos motivacionais.

Pense nisso

Pensar no clima organizacional não é uma tarefa muito simples, mas todo líder pode e deve utilizar esse instrumento no seu trabalho. Ao fazer este exercício, você está se permitindo observar o local onde você atua e "sentir" como está o ambiente.

1. Num primeiro momento, registre a sua percepção de como está o clima.

___

2. Agora reveja os indicadores no quadro referente ao clima organizacional deste capítulo e veja se algum dos itens está presente.

___

MOTIVAÇÃO

> *Uma das questões fundamentais
> na compreensão da motivação enfoca
> diferentes variáveis que "energizam"
> o comportamento humano –
> a essência do que, de fato, motiva as pessoas*
> (BOWDITCH; BUONO, 2006, p. 50).

A motivação pode ser compreendida como uma fonte de energia interna que mobiliza as pessoas a agirem em busca de determinadas aspirações pessoais ou grupais. Este estado interno vitaliza o comportamento e está diretamente ligado às necessidades individuais e estas, por sua vez, possuem variações de acordo com o grau de importância atribuído às coisas e aos fatos, obviamente, em decorrência das características do ser humano.

Uma das tarefas mais difíceis de uma pessoa que exerce liderança em uma empresa é conseguir manter motivada a sua equipe de trabalho, assim como em quaisquer outras áreas que demandem ações de líderes e gestores. É natural que existam dificuldades para o estudo da interação dos trabalhadores com suas atividades profissionais em função do número de variáveis envolvidas.

Os funcionários de uma empresa não têm atitudes baseadas apenas em seus impulsos individuais, necessidades não satisfeitas, aquisição de recompensas ou receio de punições. Eles devem ser vistos como seres pensantes e inteligentes, com crenças, percepções e estimativas de futuro que influenciam fortemente seus comportamentos, mesmo porque, são essas características que norteiam a interação das pessoas com o ambiente que as cercam.

> Crenças e valores ditam como as pessoas interagem com o mundo. Quando os valores de um indivíduo estão alinhados com os valores que são importantes para seu trabalho, são reconhecidos e recompensados pela empresa, o resultado é envolvimento e alto desempenho. Crenças e valores não podem ser impostos. Eles são qualidades humanas fundamentais e tão pessoais como as impressões digitais. Somente quando você consegue defini-las você conseguirá alinhar sua equipe em posições nas quais eles vão se sobressair (KABACHNICK, 2006, p. 52).[1]

Levando em consideração a motivação relacionada à questão da produtividade, um elemento importante em longo prazo é a participação. Colaboradores motivados e com elevada autoestima participam de modo mais efe-

---

[1] Beliefs and values dictate how people interact with the world. When an individual's values are aligned with the values important to the job and recognized and rewarded by the organization, the outcome is engagement and high performance. Beliefs and values cannot be imposed. They are fundamental human qualities that are as individual as fingerprints. Only when you have defined them can you align your people with positions at witch they'll shine.

tivo. Boas orientações criam expectativas, e expectativas claramente entendidas contribuem para melhoria da comunicação e elevam a autoestima. As pessoas sentem-se motivadas quando existe uma compreensão genuína e a concordância do que é esperado delas. A motivação é a mola propulsora que gera energia para a ação e, como toda energia, se não for alimentada com certa frequência torna-se fraca e pode acabar. Deste modo, a motivação das pessoas que fazem parte de grupos de trabalho é imprescindível para a boa interação entre as pessoas, a realização das tarefas, a melhoria do nível de produtividade e até mesmo para a manutenção de um salutar clima organizacional em toda e qualquer área da empresa.

Para conseguir sustentar ou aperfeiçoar seu ritmo e rendimento no trabalho, as pessoas precisam ser estimuladas com certa constância em função de seu cotidiano dinâmico e, não raro, incerto. Isso equivale a dizer que as pessoas estão expostas permanentemente à frustração: projetos não aprovados, clientes que migram para a concorrência, vendas ou serviços não realizados, prospecções malsucedidas, uma negociação que não chegou ao resultado esperado. Enfim, as pessoas que atuam nas organizações estão todo o tempo expostas a essas e muitas outras frustrações, que podem simplesmente "minar" sua motivação.

O início dos estudos sobre motivação humana é anterior aos anos 1950. Com o passar dos anos, algumas teorias, mesmo obsoletas, continuam sendo não só lembradas como estudadas. Isto ocorre porque as teorias mais antigas sobre motivação representam os fundamentos sobre os quais as teorias modernas se desenvolveram e algumas pessoas utilizam esses conceitos para explicar a motivação do ponto de vista teórico.

O importante é que todo líder, independentemente do tamanho de sua equipe, tenha noções dos aspectos relacionados às questões motivacionais. Ao conhecer teoricamente a dinâmica individual e coletiva, o líder é capaz de compreender melhor a dimensão de seu trabalho e os limites de sua atuação. O verdadeiro líder pode inspirar e estimular, mas jamais motivar ninguém a fazer algo. A motivação é um motor interno, pessoal e intransferível, que leva as pessoas a fazer o que querem. Ela acontece de dentro para fora. É a energia que nos faz levantar de manhã e seguir em frente.

Para uma pessoa a motivação para o trabalho pode ser simplesmente garantir o sustento da família; para outra, o trabalho é a ponte para a realização pessoal; para uma terceira, a motivação está na aquisição de um novo bem. Ao líder cabe, portanto, exercitar um espírito de profunda observação e conexão com as pessoas, a fim de apreender o que as motiva, e a partir daí desenvolver o seu trabalho.

Para facilitar essa tarefa, é possível conhecer alguns estudos sobre o assunto, que darão a base teórica para a atuação do líder. Existem diversos caminhos para a compreensão das teorias motivacionais, dos quais se destacam: teorias motivacionais de conteúdo estático, teorias motivacionais de processo, teorias da motivação baseadas no ambiente e teorias da motivação baseadas no ambiente.

No quadro 3 destacam-se as teorias motivacionais cujo conteúdo é associado aos primeiros estudiosos do assunto e suas respectivas contribuições. A mais conhe-

Quadro 3 – Teorias motivacionais de conteúdo estático

Autor	Teoria	Contribuição
Maslow	Hierarquia das necessidades	As necessidades latentes de toda motivação estão hierarquicamente organizadas: necessidades fisiológicas, necessidade de segurança, necessidade sociais, necessidade de autoestima e necessidade de autorrealização. Para o autor, o cumprimento de uma necessidade superior depende da realização da anterior.
Alderfer	Teoria ERG*	É uma revisão crítica da hierarquia das necessidades de Maslow. Preconiza a existência de apenas três níveis de necessidades: 1. necessidade básica de sobrevivência; 2. necessidade de interação social através de relacionamentos; 3. necessidade de autonomia, por meio do crescimento.
McClelland	Teoria das necessidades adquiridas socialmente	A motivação é uma variável dependente na medida em que o foco está nas condições que precederam uma necessidade específica. O autor identificou três necessidades básicas: realização, poder e afiliação, levando em consideração o momento pessoal do indivíduo.
Herzberg	Teoria da motivação-higiene	A motivação é composta de duas dimensões: a primeira diz respeito aos aspectos que podem evitar a insatisfação e é chamada de fator higiênico. Já a dimensão motivadora é composta por elementos que incentivam o crescimento.

* Abreviatura dos termos em inglês *Existence* [existência] *Relatedness* [relacionamento] e *Growth* [crescimento] (Bowditch e Buono, 2006, p. 51).
Fonte: BOWDITCH; BUONO (2006); ROBBINS (2004).

cida delas certamente é a teoria da hierarquia das necessidades, de Abraham Maslow. Essa teoria chega aos nossos dias com várias críticas, por ser considerada um tanto obsoleta; no entanto, ainda hoje muitos pesquisadores a têm como referência em seus estudos. Talvez um outro formato pudesse ser aplicado, em contraste com a imagem piramidal a ela associada e comumente vista nos livros especializados. Um formato cíclico poderia expressar melhor os ciclos pelos quais alguém passa na vida, com momentos complementares uns aos outros.

No quadro 4 é possível perceber a interferência da mudança na compreensão dos aspectos motivacionais.

Quadro 4 – Teorias motivacionais de processo

Autor	Teoria	Contribuição
V. H. Vroom	Teoria da Expectativa*	Nesta teoria a motivação é composta por três aspectos: expectativa, instrumentalidade e valência. A primeira pressupõe que quanto maior o esforço, melhor o desempenho. A segunda diz respeito à relação entre o desempenho e o resultado, ou seja, o bom desempenho conduzirá para alguns resultados determinados. A valência ou atração é o terceiro, com destaque para a relação entre a atratividade da recompensa mediante o resultado potencial.
R. J. House	Teoria motivacional do caminho-meta	É uma teoria por vezes confundida com diretrizes para as lideranças por sugerir que as pessoas são motivadas a produzir quando têm a percepção clara de que seus esforços conduzirão ao sucesso e a recompensas desejadas. Um líder, neste caso, deve orientar sobre o caminho a ser percorrido, gerando motivação.
E. A. Locke	Teoria do estabelecimento de metas	A premissa desta teoria é que as metas, ou seja, as intenções conscientes, são os principais determinantes da motivação, levando em consideração que tais metas direcionam pensamentos e ações do indivíduo.

* Conhecida também como Teoria VIE: *Valence* [valência], *Instrumentality* [instrumentalidade] e *Expectancy* [expectativa] (Bowditch e Buono, 2006, p. 57).
Fonte: BOWDITCH; BUONO (2006); ROBBINS (2004).

Para algumas correntes, a motivação teria um caráter mais processual do que linear. As pessoas participam da sua vivência motivacional, podendo inclusive, de modo ainda bastante discreto, vislumbrar os seus próprios resultados e conquistas, interferindo no processo.

Um dos principais aspectos que afetam a motivação da equipe é o próprio ambiente de atuação e trabalho. É importante que as pessoas saibam qual é a missão, quais os desafios que a instituição deseja enfrentar e o que é valorizado como postura profissional. Além disso, devem ser esclarecidas quais são as políticas adotadas que darão apoio à missão da organização. Daí o destaque dado para as teorias de motivação apresentadas no quadro 5, cuja base é o ambiente.

O ser humano é multifacetado e precisa expandir suas dimensões psicológica, social e política para estar motivado. Por isso, é preciso que a organização proporcione ao trabalhador espaço para a criatividade, a autonomia e a participação. Enriquecer inteligentemente o trabalho e a atividade das pessoas é papel primordial de todo e qualquer líder, além de colaborar para a construção de espaços saudáveis e enriquecedores.

Quando falamos em motivação, lembramos que existem alguns importantes fatores a ser considerados. O primeiro é a *busca de sentido*. Neste caso, para sentir-se motivado, é preciso que o trabalhador perceba um sentido para as tarefas que realiza. Outro fator é que, para

Quadro 5 – Teorias da motivação baseadas no ambiente

Autor	Teoria	Contribuição
B. F. Skinner	Teoria do reforço condicionamento operante	Segundo esta teoria, o comportamento é moldado e mantido pelo ambiente onde a pessoa se encontra. Embora inicialmente o comportamento seja aleatório, na medida em que a pessoa explora o ambiente e reage a ele alguns comportamentos serão reforçados e repetidos.
B. M. Staw	Teoria da comparação social	Procura explicar de que modo os indivíduos utilizam comparações externas e internas para determinar se um comportamento é pertinente ou não. Utiliza a interpretação com base em experiências do passado.
J. S. Adams	Teoria da equidade	As pessoas não atuam no vácuo; é inevitável que comparações sejam feitas nos mais diversos níveis. A partir desta teoria é possível observar como os indivíduos comparam seus recursos pessoais e suas forças, bem como suas conquistas e resultados, aos de outras pessoas que lhes são próximas. Esta teria está bastante relacionada à justiça, à organização e à percepção das pessoas em relação a este dado.
R. Kreitner e F. Luthans	Teoria da aprendizagem social	Esta teoria procura ser uma síntese do determinismo ambiental do condicionamento operante e da possibilidade de alteração do comportamento organizacional. O comportamento seria como um espelho das consequências internas e externas e o funcionamento cognitivo. Coloca em equilíbrio duas correntes distintas do pensamento motivacional: os behavioristas e os humanistas.

Fonte: BOWDITCH; BUONO (2006); ROBBINS (2004).

sentir-se motivado, o colaborador precisa perceber claramente sua *real possibilidade de crescimento*. Por fim, para sentirem-se motivadas é preciso que as pessoas sejam aptas para atingir suas metas pessoais e profissionais, daí a importância da *educação*, como um terceiro fator.

Além desses, outros fatores exercem influência sobre a motivação, tais como a boa comunicação entre líderes e liderados – primordial para a manutenção dos níveis motivacionais – e o reconhecimento dos êxitos, acertos e conquistas – que colabora para que as pessoas mantenham-se motivadas durante a realização de suas atribuições.

É claro que não se pode ser reducionista, mas, em poucas palavras, motivação significa a alegria em poder realizar e dar vida a algo. Portanto, nenhuma pessoa consegue motivar outra, o que é um paradoxo ao se levar em consideração a importância desse fator para as equipes de trabalho. As ações do líder podem mobilizar as pessoas a agirem, mas motivá-las, possivelmente não. No entanto, são os líderes que registram as transformações no cenário, optam pelas melhores tecnologias, escolhem as pessoas no mercado e as incentivam; acima de tudo, criam grupos sólidos e comprometidos. Estes mesmos líderes, se verdadeiros, participam com honestidade e coragem do processo de mudança no qual estão inseridos.

Pense nisso

1. Escreva a sua própria definição de motivação.

_____

_____

_____

_____

2. O que motiva você a exercer a sua atividade profissional?

3. O que você faz, como líder, para mobilizar as pessoas na realização dos objetivos comuns da equipe? Há algo mais que poderia ser feito?

LIDERANÇA

> *O líder (do futuro)[1] deve ser o aprendiz perpétuo,*
> *o que exigirá: novos níveis de percepção e insight*
> *da realidade do mundo e de si próprio;*
> *níveis extraordinários de motivação para enfrentar*
> *o sofrimento inevitável da aprendizagem e da mudança,*
> *especialmente em um mundo com fronteiras mais livres,*
> *em que a lealdade de alguém se torna cada vez mais difícil de definir;*
> *força emocional para gerenciar a ansiedade própria*
> *e a dos outros à medida que a aprendizagem e a mudança*
> *tornam-se cada vez mais as coisas mais importantes da vida;*
> *novas habilidades para analisar e mudar as suposições culturais;*
> *e disposição e habilidade para envolver outras pessoas*
> *e obter sua participação*
> (SCHEIN, 2009, p. 391).

Por mais óbvias que sejam as definições sobre o termo "liderança", os pesquisadores procuram dar indicações de sentido que colaborem para a compreensão deste fenômeno, principalmente nas organizações.

A liderança é um processo social em que se estabelecem relações de influência entre pessoas, e o centro desse processo de interação é composto pelo líder e seus

---

[1] Parênteses da autora, por entender que o líder "do futuro" é o líder *de hoje*.

liderados. Com o seu estudo, pretende-se contribuir para a melhoria dessas relações, uma vez que a partir de sua compreensão conceitual é possível chegar a estados de conhecimento que levem a ações concretas de aperfeiçoamento.

O exercício da liderança está presente nas mais diferentes situações: no ambiente acadêmico, no cerne das famílias, nas comunidades e nas atividades esportivas, na vida política e social, e até mesmo nos diversos espaços privados. Ser líder significa ser reconhecido por uma agremiação de pessoas.

A definição de liderança vem sendo alterada em decorrência de uma série de transformações que acompanham a própria evolução das sociedades.

Nas comunidades nômades, a figura do líder estava vinculada à sabedoria, o que lhe permitia direcionar as pessoas pelos caminhos considerados mais acertados e, possivelmente, mais seguros; a posição do líder era respeitada em função de sua visão do futuro. Na sociedade agrícola, os talentos do desbravador que dominava e colocava a terra em condições de cultivo, gerando trabalho e riquezas, eram atribuições importantes para ser líder. Na sociedade industrial, a liderança está diretamente ligada à questão da inteligência e à possibilidade de produzir mais e melhor. Neste caso, pessoas com capacidade de transformação ganham destaque. Na atual sociedade da informação, o que se procura novamente, guardadas as devidas proporções, é o líder sábio, cuja capacidade de guiar as pessoas seja apurada pelos caminhos do conhecimento e da ética.

Segundo Smith (2004), *direção, propósito* e *alinhamento* são aspectos inerentes à atuação do líder neste novo contexto. Ele é o responsável por dar a direção aos funcionários, conduzi-los de acordo com a missão da empresa e progressivamente caminhar para seu objetivo. Encontrar o propósito que gera satisfação pessoal e significado é também atribuição do líder. A relação entre atitudes, motivações, sonhos, objetivos e habilidades das pessoas diante das necessidades da empresa, se dá a partir do alinhamento que o líder oferece. Goulart afirma que

> o grande desafio dos novos modelos de gestão de pessoas, consiste, portanto, em conseguir um ajuste ideal entre incremento da produtividade no novo cenário econômico e atendimento à qualidade de vida do trabalhador (2002, p. 204).

Não há líderes universais. Existem exemplos contextualizados historicamente que dão base para esta constatação. A liderança é posta em prática quando há intenção de direcionar e existe a aceitação, por parte dos seguidores, de serem liderados. O líder perdura na função quando responde às expectativas e necessidades dos seus liderados e dos grupos ligados ao processo de influência do qual este líder faça parte.

Liderança é um processo e o líder canaliza ações a partir da aceitação do próprio grupo, para o alcance de metas anteriormente traçadas. Estas ações estão ligadas à questão da motivação, informação, comunicação, administração de conflitos e estabelecimento de estratégias.

A cultura interfere no cotidiano das empresas e manifesta-se nos processos decisórios, nas atividades dos colaboradores, nas maneiras de recompensar ou punir, nos métodos de relacionamento com seus parceiros comerciais, na forma como a comunicação ocorre, na maneira como seus funcionários se apresentam e se portam no ambiente de trabalho, no padrão arquitetônico da empresa, no contato com seus clientes e, consequentemente, no estilo de liderança adotado.

Vários elementos presentes na cultura organizacional dão grande sustentação e geram forte influência sobre o comportamento dos indivíduos e grupos dentro da organização, e a liderança é fruto justamente dessa interação das pessoas com a cultura organizacional.

> Bons líderes criam um sentido claro de direção e propósito. Eles fazem isto criando um alinhamento entre o indivíduo e a organização. Isto não é fácil; de fato, é necessária muita energia e emoção para fazer com que as pessoas vejam como sua contribuição faz diferença para a organização (SMITH, 2004, p. 35).

Ao praticar a liderança, o líder exercita funções psicológicas que tornam sua atuação efetiva no funcionamento de grupos, organizações, comunidades e na sociedade, independentemente de seu estilo. Sabe-se que uma organização é, em muitos casos, o reflexo de seu líder. Transformações importantes têm início com a compreensão do valor de uma liderança eficiente. Por outro lado, pesquisas demonstram que o único verdadeiro ponto fraco de uma organização é uma liderança despreparada; o restante tem sua gênese nessa fraqueza. Portanto, os acontecimentos bons ou ruins são frutos de decisões acertadas ou não, das quais decorrem práticas apropriadas ou indevidas.

> Liderança é a habilidade de influenciar pessoas para trabalharem entusiasticamente visando atingir aos objetivos identificados como sendo para o bem comum (HUNTER, 2004, p. 25).

Ser líder é responsabilizar-se pela instituição em que atua de modo global, tanto por aquilo que a instituição faz, quanto pelos erros cometidos no processo. Às pessoas que lideram compete examinar os desafios e os obstáculos, desencadeando e auxiliando no processo de mudança. O líder deve estar preparado para auxiliar e colaborar com as pessoas de seu grupo de trabalho, procurando manter uma atuação entusiasmada na direção dos objetivos, no cumprimento efetivo de seus propósitos para alcançar os resultados propostos, utilizando adequadamente o poder que lhe foi conferido.

LIDERANÇA E PODER

> Se o poder só tivesse a função de reprimir,
> se agisse apenas por meio da censura, da exclusão,
> do impedimento, do recalcamento, à maneira de
> um grande superego, se apenas se exercesse de um
> modo negativo, ele seria muito frágil. Se ele é forte,
> é porque produz efeitos positivos no nível do desejo e
> também no nível do saber. O poder, longe de impedir
> o saber, o produz (FOUCAULT, 1979, p. 148).

A busca pela compreensão do poder individual nem sempre esteve ligada ao contexto organizacional. Seu início se deu com os estudos que consideravam os grupos familiares e de amizade como os principais ambientes onde o fenômeno ocorria. Os estudos sobre o tema poder, com essas características, possibilitou análises das interações sociais, das relações de dependência envolvendo grupos ou pessoas, além de análises da influência interpessoal em grupos humanos, que geraram o conceito de poder social e, consequentemente, o estudo das bases de poder.

Após estes primeiros estudos, outros vierem e marcaram época. No final do século XIX, o olhar sociológico sobre a questão do poder e da burocracia deu luz aos estudos aprofundados da Psicologia, indicando uma nova tendência de pesquisa, em que a cultura do poder é capaz, inclusive, de determinar o estilo de liderança. Essa nova fase inclui cultura organizacional, imaginário, símbolos, expectativas, crenças e mitos como fatores determinantes da liderança nas organizações, temas já explorados anteriormente, quando se falou sobre cultura.

O sucesso das organizações está ligado à maneira como seus membros coordenam suas próprias atividades e isso se refere ao exercício do poder. O poder é um elemento componente da cultura ao mesmo tempo em que lhe dá suporte, tanto para alterações como para sua estabilidade. Os membros dos grupos, sobretudo gerências e lideranças, precisam conhecer seus principais aspectos para que possam assimilar a dinâmica organizacional inserida na cultura. Possivelmente o desajuste de liderança pode ser resultado da falta de habilidade política dos que dirigem os mais diversos tipos de realidade.

A dinâmica do poder ocorre em função das interações entre o acordo interno e externo e o sistema de metas da organização, o que dá origem à configuração de poder organizacional. Para auxiliar na compreensão das diversas correntes teóricas, o quadro 6 apresenta os principais marcos que influenciaram os estudos sobre o poder ao longo dos tempos e que auxiliam na compreensão histórica do tema. O poder, fruto do estudo de pesquisadores e cien-

Quadro 6 – Marcos teóricos do poder

Autor	Data	Principais pontos de estudo
Nicolau Maquiavel (1469 – 1527) Diplomata, historiador e músico italiano	1513	Em pleno Renascimento, é considerado precursor do estudo empírico das estratégias políticas no âmbito do Estado e da sociedade. Sua análise do poder como fenômeno independente não restringe o poder à esfera estatal. A atividade política retratada por ele se revela fundamentalmente dinâmica, criadora de novas situações e caracterizada por um impulso natural para uso efetivo do poder em uma determinada sociedade, o que impõe aos que a praticam uma capacidade de adaptação e improvisação proporcional às variações frequentes da situação a enfrentar.
Thomas Hobbes (1588 – 1679) Filósofo e teórico político inglês	1651	Considera a perspectiva do poder maior: o poder estatal. Afirma que há uma inclinação geral de todo ser humano para um perpétuo e incessante desejo de poder cada vez maior, que só tem fim com a morte. O poder é definido como o conjunto dos meios empregados para obter uma aparente vantagem futura. O estado natural é o estado de guerra de todos contra todos. Essa guerra só termina quando um poder comum – o poder maior composto pelos poderes de vários homens, unidos por consenso em uma entidade, ou seja, o poder estatal – mantém todos subjugados.
David Hume (1711 – 1776) Filósofo e historiador escocês	1752	Acrescenta a noção de regularidade aos estudos sobre o poder, o que acarreta a visão de causalidade, destacada por uma perspectiva de reação à ação causal de um iniciador.
Max Weber (1864 – 1920) Intelectual alemão	1919	Trabalha com a noção de regularidade, enfatizando o conceito de dominação, que é utilizado pelo autor para substituir o conceito de poder, visto que este é considerado sociologicamente amorfo – muito ambíguo e suscetível a qualquer situação. Deteve-se sobre os estudos sobre organizações militares e religiosas.
John Kenneth Galbraith (1908 – 2006) Economista canadense	1939	Apontou que uma das fontes de poder no mundo atual é a organização e o trabalho e que em grande parte, por tal fato, as organizações se constituem objetos de estudo da sociologia, economia, administração, psicologia e áreas de estudos afins.
Bertrand Arthur William Russel (1872 – 1970) Filósofo e matemático britânico	1951	Estabelece uma ligação entre poder e intencionalidade. O poder pode ser definido como a produção de efeitos intencionais envolvendo dois atores.
Robert Alan Dahl (1915 –) Cientista político americano	1957	O autor adota uma concepção pluralista de muitas arenas para o exercício do poder, bem como uma grande variedade de iniciativas e reações das pessoas nelas envolvidas. Segundo o autor, várias arenas – espaços de luta – e vários recursos são disputados.

Michel Foucault (1926 – 1984) Filósofo francês	1979	Apresenta um caráter mais positivo sobre o poder, analisando o fenômeno sem assumir a dependência deste com o âmbito estatal. O autor questiona: se o poder fosse somente repressivo, se não fizesse outra coisa a não ser dizer não, haveria obediência? Segundo ele, o que faz com que o poder se mantenha e seja aceito é o fato de que não pesa só como uma força que diz não, mas permeia relações, produz coisas, induz ao prazer, forma saber e produz discurso.
Henry Mintzberg (1939 –) Engenheiro canadense, doutor em gestão estratégica	1983	Define o poder como a capacidade de afetar resultados organizacionais. O autor esclarece acerca do poder dentro e em torno das organizações, considerando o comportamento organizacional como um jogo de poder no qual vários jogadores – influenciadores – tentam controlar as ações organizacionais.

Fonte: NEIVA; PAZ; MARTINS (apud ZANELLI; BORGES-ANDRADE; BASTOS, 2004, pp. 383-385).

tistas, abarca infinitos significados e possui diversas categorias.

O poder legítimo é inerente às estruturas organizacionais, representado pelos cargos da empresa. O poder de recompensa diz respeito ao esforço e, consequentemente, ao reconhecimento de uma determinada alteração de comportamento ou meta alcançada. Poder coercitivo relaciona-se à questão da autoridade: punir para eliminar, reduzir ou controlar comportamentos e atitudes não desejadas em determinado contexto. A força de influenciar por meio de talentos especiais, conhecimento e experiência em uma ou mais áreas de informações atrativas para os liderados é o chamado "poder de especificação"; o "poder de referência", assim como o anterior, também associado ao carisma pessoal, é a liderança decorrente do caráter e do conhecimento legítimo. O "poder de informação" é conhecimento da existência de dados estratégicos e importantes para uma determinada situação ou informações que orientem processos decisórios.

O poder existe e não há como subestimá-lo. Cabe agora compreender como os grupos de trabalho interagem levando em consideração que na maioria dos casos o poder está presente na atuação do líder.

Pense nisso!

1. O que é poder para você?

___

___

___

___

2. Dê exemplos do uso do poder em sua organização:

___

___

___

___

LIDERANÇA E GRUPOS DE TRABALHO

> *Sem as pessoas, qualquer tecnologia,*
> *por mais necessária e inovadora que seja,*
> *não funciona. Pessoas têm o dom de fazer*
> *o sucesso ou o fracasso de qualquer empresa*
> (GRAMIGNA, 2002, p. 4).

Do mesmo modo que existem diferenças entre indivíduos reunidos e grupos, existem diferenças entre grupos e equipes. Uma equipe é geralmente definida como um conjunto distinto de pessoas que têm tarefas específicas a realizar, atuam focadas em uma meta comum e interagem entre si de modo dinâmico, interdependente e adaptativo. As equipes de trabalho são organizadas, visando, também, aprimorar e desenvolver seus membros. O sucesso nas obrigações relacionadas com as tarefas tem relação direta com a coordenação e integração de esforços dos membros uns com os outros.

O quadro 7 demonstra que, enquanto os grupos de trabalho dependem de um líder, as equipes procuram partilhar as atribuições da liderança entre seus membros por meio de formações não hierárquicas, projetadas para oferecer um ambiente igualitário, que dá suporte, incentivo e promove o compartilhamento de informações e de ideias. Nos grupos de trabalho procuram-se reconhecer e recompensar o êxito individual, enquanto nas equipes enfatizam-se as realizações e os esforços pessoais que possam contribuir para o sucesso de todos. Os grupos e as equipes fazem parte da vida organizacional e o modo como são articuladas podem interferir no processo produtivo. Daí a importância do papel do líder na realidade organizacional, principalmente considerando sua atuação em grupos de trabalho nas mais diversas situações.

QUADRO 7 – Equipes e grupos de trabalho: semelhanças e diferenças

Ações	GRUPOS DE TRABALHO	EQUIPES
Apresentação de resultados	Individual	Individual e também por equipe
Orientação	Prestação de contas a um gerente Cumprimento de obrigações definidas Os membros do grupo são vistos como indivíduos	Os membros prestam contas uns aos outros Foco em necessidades amplas (exemplo: servir o cliente) Há investimento emocional e cognitivo por parte dos membros quando se identificam como uma equipe
Liderança	Atribuída a uma única pessoa	Compartilhada
Atribuição de tarefa	Com base em metas e objetivos atribuídos individualmente	Os resultados do trabalho são coletivos A equipe compreende a estratégia organizacional e cria metas e objetivos adequados a essa estratégia
Reuniões	Controladas pela organização Foco na eficiência Discussão, decisão e delegação	Controladas pela equipe Foco em discussões abertas e na solução de problemas Discussão, decisão e empenho
Tomada de decisão	As pressões sociais impedem pensamentos divergentes Os membros do grupo filtram as informações externas	Incentiva-se o pensamento divergente Busca-se informação fora da equipe

Fonte: BOWDITCH; BUONO (2006, p. 124).

LIDERANÇA SITUACIONAL

> *Para desenvolver a liderança é preciso ter espaço,*
> *oportunidade e autonomia para exercê-la.*
> *As organizações são chamadas para criar esse ambiente*
> (KUGELMEIER, 2007, p. 152).

Diante do desencanto produzido pelos enfoques nos traços de personalidade e na conduta dos líderes, nos anos 1960 surgiu uma série de teorias que são hoje conhecidas por *teorias situacionais*.

A teoria da liderança situacional vem sendo cada vez mais aceita e adotada, em função de prover uma reflexão a respeito de um tipo de liderança dinâmica e flexível, que possibilita ao líder estar continuamente avaliando seus colaboradores e aprimorando o próprio estilo de liderança.

Existem conceitos que abrangem a liderança do ponto de vista situacional, cuja essência pressupõe que a facilidade com que o líder é capaz de influenciar socialmente as pessoas interfere nos seus resultados. Três fatores situacionais básicos que auxiliam na compreensão de seu modelo: a relação de líder com os liderados, a estrutura da tarefa e o grau de maturidade da equipe.

Vários estudos surgem abordando a teoria da liderança situacional. Estes estudos partem do pressuposto que não existe um estilo ideal de conduta do líder adequado a todas as situações, e sim o estilo mais eficaz para cada situação. A liderança situacional preconiza a relação entre a quantidade de orientação que o líder necessita para a condução de tarefas, a quantidade de apoio socioemocional por meio do relacionamento oferecido ao seu grupo e a relação destes dois itens com a maturidade e prontidão dos subordinados. Portanto, o líder eficaz analisa primeiramente os aspectos gerais da situação e adapta seu estilo para satisfazê-lo ou, se for o caso, modificar algum elemento.

Nas teorias de enfoque situacional a liderança é um fenômeno que depende tanto do líder quanto do nível de maturidade dos liderados e da situação apresentada. Os acontecimentos não são limitados à ação do líder sobre a atitude passiva das pessoas a ele subordinadas, mas está relacionada às atitudes dos liderados, da situação e do objetivo a ser concretizado, mesmo porque para a teoria situacional o líder influencia, mas também é influenciado pelo grupo que lidera. Ele faz concessões, revisa posições e modifica sua forma de atuação, se for necessário.

Existem diversos estilos de liderança que se baseiam na maneira pela qual o líder orienta a sua equipe. Alguns líderes buscam mais resultados; outros têm seu foco nas pessoas; o mais importante, no entanto, é o equilíbrio entre os dois eixos.

O fato de existirem diferentes estilos de liderança não significa que o líder deve restringir-se a apenas um, ou que o estilo de um líder é melhor ou pior que o do outro. O importante nesta caracterização é entender que, para cada situação e de acordo com as características das pessoas que estão sob a sua liderança, o líder pode ser capaz de escolher ou adotar um estilo que leve ao melhor resultado possível, respeitando as pessoas e cumprindo a tarefa.

O líder moderno deve atender às necessidades e às exigências do contexto onde está inserido, das atividades ou do negócio em que atua, das características de sua equipe e de cada um dos indivíduos que a compõem, objetivando sempre o melhor desempenho das pessoas mediante o aproveitamento do potencial do grupo e de cada um dos indivíduos. Tal arte permite fazer com que os componentes da equipe se sintam gratificados, valorizados e satisfeitos com os resultados alcançados. Nesse sentido, as teorias situacionais são muito interessantes, uma vez que colaboram para o aumento das possibilidades de alteração da situação e melhor adequação ao papel do líder.

Os primeiros estudos relacionados à teoria situacional foram conduzidos por William James Reddin, a partir da constatação de que os líderes ora davam ênfase às tarefas a serem realizadas, ora às relações com as pessoas, e que esses dois elementos do comportamento eram usados em maior ou menor grau, fornecendo deste modo um gradiente de efetividade.

Dr. William (Bill) James Reddin (1981), um cientista social nascido no Reino Unido, desenvolveu uma teoria em efetividade gerencial e organizacional que ficou conhecida como a Teoria Tridimensional de Efetividade Gerencial.[1] Reddin, um dos mais reconhecidos cientistas comportamentais, graduou-se em Harvard e depois de seu doutorado lecionou com dedicação plena, durante 16 anos, no Massachussets Institute of Technology – MIT. Reddin deixou o mundo acadêmico para colocar em prática as suas teorias e, juntamente com sua equipe,[2] testou cientificamente seu modelo durante mais de 15 anos até estar seguro de que a Teoria Tridimensional descreve de maneira realista todo o fenômeno da liderança.

O grau de efetividade obtido pelo fato de se optar por um ou outro estilo depende da existência de três habilidades gerenciais básicas no líder. São elas, a *sensibilidade* situacional, a *flexibilidade* de estilo e a *destreza*

---

[1] The 3 Dimensional Managerial Effectiveness Theory.

[2] W. J. Reddin & Association é um grupo internacional de consultores organizacionais. Para maiores informações, consultar o site <www.wjreddin.co.uk> na internet.

de gerência situacional. A sensibilidade diz respeito à aptidão para diagnosticar as forças que atuam em cada situação. A flexibilidade é a capacidade de adequação a essas forças. A destreza reflete sobre a habilidade de modificar uma determinada situação.

A eficácia não é reflexo do que o líder faz, mas sim do que ele consegue em termos de resultados, o que só pode ser conseguido pela comunhão e entrosamento com sua equipe de trabalho.

A *orientação para tarefa* [OT] denomina o grau com que um líder dirige seus próprios esforços e a energia de sua equipe, caracterizado por iniciar, organizar e dirigir. A *orientação para relações* [OR] seria o grau com que um líder usa as relações interpessoais, caracterizado pelos atos de ouvir, confiar e encorajar.

Tendo como base esses dois tipos de orientação, estabeleceu-se então a existência de quatro estilos gerenciais. O primeiro estilo é o *relacionado*, que se caracteriza pela grande orientação para as relações e orientação insuficiente para a tarefa a ser executada. O estilo *dedicado*, ao contrário do anterior, atua fortemente com orientação para a tarefa e possui deficiência no trato com as pessoas. No estilo *separado*, encontramos deficiência para ambas as atribuições. O estilo *integrado*, em contrapartida, possui um relativo equilíbrio tanto na orientação para as tarefas quanto nas relações interpessoais.

Na figura 1 estão dispostas as quatro orientações básicas que representam quatro tipos de comportamento.

Figura 1 – Os estilos básicos de liderança

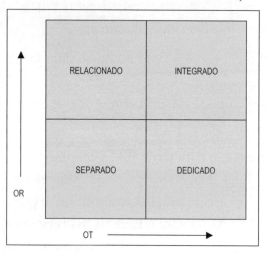

Fonte: REDDIN (1981, p. 27).

Não é possível declarar que um desses quatro estilos seja melhor que outro, mas sim mais eficiente a depender da situação. Nessa concepção, um mesmo estilo de liderança pode ser eficiente, gerando resultados, ou ineficiente, não produzindo resultados satisfatórios, de acordo com a conjuntura do momento.

Não vamos nos aprofundar nas derivações dessa ideia principal, mas talvez seja interessante ao menos mencionar que Reddin criou outros quatro estilos mais efetivos e quatro estilos menos efetivos, conforme a adequação ou não do uso dos estilos básicos em determinada situação.

Toda essa pesquisa é uma forte sugestão de que a noção de um único estilo ideal não é válida e, portanto, não é útil. Não há evidência consistente de que um estilo seja geralmente mais eficaz que o outro. Sugerir a existência de evidência nesse sentido é, na opinião dos cientistas sociais, cometer um erro normativo, isto é, sugerir que alguma coisa é melhor que outra somente com base numa preferência ou crença individual, em vez de basear-se no que a evidência sugere (REDDIN, 1981, p. 56).

Figura 2 – Teoria 3D de William James Reddin

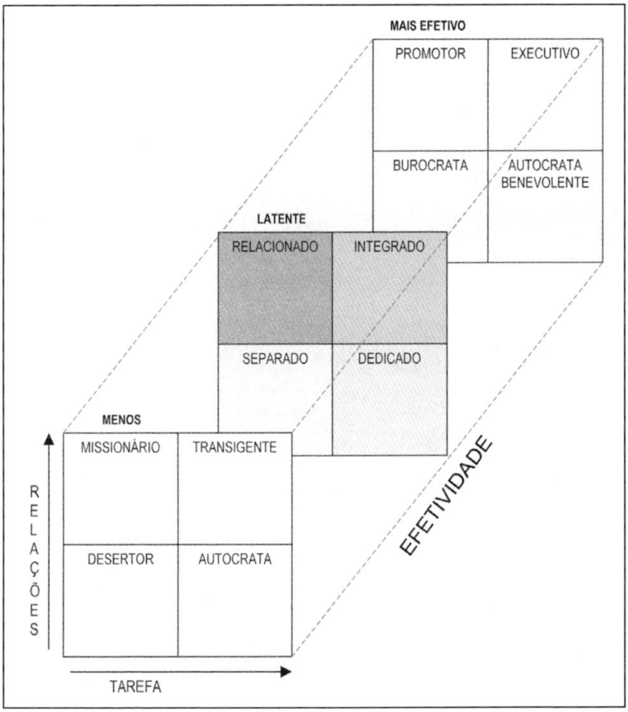

Fonte: REDDIN (1981, p. 57).

Conforme ilustra a figura 2, no modelo tridimensional o primeiro plano corresponde ao plano de menor eficácia. O plano central é o plano dos estilos básicos e o último plano corresponde ao plano de maior eficácia. Cada um desses estilos tem características próprias, sob o ponto de vista da forma de agir do líder, e cada um destes estilos possuem características peculiares, apresentadas no quadro 8. Tais características são postas à prova de acordo com cada situação.

Quadro 8 – Estilos de liderança e suas respectivas características

Estilo de Liderança	Separado	Relacionado	Dedicado	Integrado
1 Modo de interação	Corrige	Aceita	Domina	Reúne
2 Modo de comunicação	Escrita	Conversa	Ordens verbais	Reuniões
3 Direção da comunicação	Pouca, em qualquer direção	Dos subordinados para o superior	Do superior para os subordinados	Nos dois sentidos
4 Perspectiva de tempo	Passado	Indiferente	Imediato	Futuro
5 Identifica-se com	Organização	Subordinados	Superior e Tecnologia	Futuro
6 Ênfase em sistema	Mantém o sistema de procedimentos	Apoia o sistema social	Acompanha o sistema tecnológico	Integra o sistema sociotécnico
7 Julga os subordinados	Quem segue as regras	Quem compreende as pessoas	Quem produz	Quem deseja integrar a equipe?
8 Julga o superior	Inteligência	Afetividade	Poder	Trabalho em equipe
9 Atividade em comitê	Esclarece, guia, canaliza	Apoia, harmoniza, aconselha	Inicia, avalia, dirige	Estabelece padrões, teses e motivação
10 Trabalho adequado para	Administração, contabilidade, estatística e projetos	Direção de profissionais, treinamento e coordenação	Gerência de produção e vendas	Supervisão de gerentes em interação
11 Trabalho a que não se ajusta	Não rotineiro	Pouco contato pessoal	Pouco poder	Muita rotina

12	Orientação para o empregado	Segurança	Cooperação	Desempenho	Compromisso
13	Reação ao erro	Controla mais	Releva	Pune	Aprende
14	Reação ao conflito	Evita	Abranda	Suprime	Utiliza
15	Reação à tensão	Recua e cita as regras	Torna-se dependente e deprimido	Domina e explora	Evita tomar decisões
16	Fonte positiva de controle	Lógica	Elogio	Recompensa	Ideais
17	Fonte negativa de controle	Discussão	Rejeição	Punições	Transigência
18	Problema característico dos subordinados	Falta de reconhecimento	Falta de direção	Falta de informações	Falta de independência
19	Punições usadas	Perda da autoridade	Perda de interesse por parte do gerente	Perda do cargo	Perda do autorrespeito pelo subordinado
20	Subestima	Necessidade de inovação	Necessidade da organização e da tecnologia	Expectativas dos subordinados	Necessidade de ação independente
21	Principal fraqueza	Escravo das regras	Sentimentalismo	Luta desnecessariamente	Usa participação de forma não adequada
22	Temores acerca de si mesmo	Emotividade, brandura e dependência	Ser rejeitado pelos outros	Perda de poder	Falta de participação
23	Temores acerca dos demais	Desvio do sistema	Conflito	Baixa produção	Insatisfação
24	Estilo equivalente mais eficaz de Reddin	Burocrata	Promotor	Autocrata benevolente	Executivo
25	Estilo equivalente menos eficaz de Reddin	Desertor	Missionário	Autocrata	Transigente

Fonte: REDDIN (1981, p. 45).

Com relação ao grau de eficácia dos estilos, Reddin enfatiza que, ao utilizar uma alta orientação para tarefa e uma baixa orientação para relações, o líder é percebido como carente de confiança nos outros, desagradável e interessado única e exclusivamente na tarefa imediata. Numa situação em que tal comportamento se mostra inadequado, ele é denominado estilo *autocrata*. Porém, numa situação em que tal comportamento é adequado, por conseguinte, mais eficaz, é chamado de *autocrata-benevolente*, passando a ser percebido como quem sabe o que deseja e como conseguir isso sem ressentimentos.

Quando existe baixa orientação tanto para as relações quanto para a tarefa, o gestor é percebido como uma pessoa passiva e pouco comprometida. É tido como *desertor* numa situação em que tal comportamento é inadequado. A mesma orientação utilizada adequadamente o faz ser denominado *burocrata*, passando a assumir uma imagem de líder interessado, bastante zeloso para com as normas e regras.

Em caso de alta orientação para relações e baixa orientação para a tarefa, numa situação em que tal comportamento é inadequado, o líder demonstra estar interessado apenas na harmonia e é definido como *missionário*. Porém, se esse tipo de orientação é utilizado de modo adequado, assume a figura de *promotor*, sendo percebido como tendo confiança nas pessoas e capaz, inclusive, de desenvolvê-las e conduzi-las ao crescimento.

A alta orientação para tarefa e alta orientação para relações, numa situação que requer uma alta orientação somente para tarefa ou somente para relações ou não exige alta relação nem para tarefa nem para relações, faz com que o líder seja percebido como fraco tomador de decisões e como alguém mais influenciado pelas várias pressões da situação, uma pessoa que evita ou minimiza as pressões e os problemas imediatos em vez de maximizar a produção em longo prazo, sendo por isso chamado de *transigente*. Por outro lado, o mesmo comportamento pode se tornar eficaz em outra situação, quando o líder passa a assumir a imagem de uma força motivadora e um gestor que estabelece altos padrões, um *executivo*, que trata cada um de forma diferente e prefere dirigir equipes.

O ponto de equilíbrio está em saber utilizar os estilos propostos de acordo com o que cada situação cotidiana solicita.

Converse com alguém

1. Escreva a *sua própria* definição do termo liderança.

_____
_____
_____
_____
_____
_____

2. Em que momentos você acredita que a sua postura como líder deve estar mais fortemente focada para as *pessoas* de sua equipe?

___

3. Como líder, qual a sua opinião sobre a decisão do melhor momento para ter maior foco sobre as *tarefas* a serem realizadas?

___

4. O que você costuma fazer quando *simultaneamente* as pessoas de sua equipe demandam sua atenção e você tem projetos importantes para concluir?

_____
_____
_____
_____
_____
_____

5. Qual é a sua postura como líder diante de uma equipe que você percebe que faz tudo sem necessidade de seu comando e cujas tarefas estão complemente em dia?

_____
_____
_____
_____
_____
_____
_____

Parte II

Situações práticas na vida de um líder

Ao longo da primeira parte deste livro, pudemos refrescar em nossa memória alguns conceitos sobre comportamento organizacional, muitos com os quais já tivemos algum contato. Sabemos, no entanto, como diz o dito popular, que "na prática a teoria é diferente", mas prefiro acreditar que "na prática a teoria pode ser muito melhor", pois quando tomamos consciência das pesquisas e estudos realizados, percebemos que é possível modificar uma situação alterando apenas algumas variáveis bastante acessíveis.

A seguir, serão propostos exercícios que têm como referência a liderança situacional. Assim, cada cena trazida traz consigo uma situação específica, um nível de maturidade da equipe e um estilo de liderança. É claro que no dia a dia existem inúmeras situações, porém serão apresentadas quatro situações possíveis e é com base nelas que você fará suas anotações.

O olhar sobre essas situações nos ajudará a refletir melhor sobre nossa própria maneira de liderar as pessoas e nossas equipes.

MUITA GARRA, POUCA TÉCNICA

Observar a realidade

José era formado em educação física. Professor dedicado, sempre era convidado para dar aulas nas escolas da sua região. Certo dia, foi chamado pela diretora de uma dessas escolas. Ela queria conversar com José sobre um importante campeonato de basquete feminino, que aconteceria nos próximos meses, envolvendo equipes da região. Este campeonato seria a porta de entrada para campeonatos estaduais com reconhecimento importante para a escola. Mas existia um problema: não havia na pequena cidade nenhuma tradição do ensino de basquete para as jovens, por isso não havia jovens tecnicamente preparadas com a qualidade que a competição exigia.

Portanto, esse era o desafio para o professor José: montar uma equipe, inscrevê-la e prepará-la para a competição. No dia seguinte, após algumas conversas pela manhã com suas alunas, José percebeu uma vontade muito grande daquelas adolescentes em participar do campeonato. Após o almoço, todas as meninas convidadas estavam presentes na reunião, mostrando-se eufóricas e entusiasmadas com a ideia de competir pela escola. Mas elas mesmas começaram a se perguntar se teriam condições de cumprir aquela importante tarefa, pois nenhuma delas jamais havia participado de competições antes. Sentiam-se profundamente despreparadas para a atividade, tanto física como tecnicamente, apesar de estarem muito motivadas.

Dedicar tempo

1. Na situação descrita no texto, quais os aspectos positivos estão mais evidentes no grupo formado pela alunas?

___

___

___

___

2. Qual ponto necessita ser aprimorado pelo professor José para transformar a equipe e aprontá-la para o campeonato?

___

___

___

___

Juntar as peças

Esta equipe organizada pelo professor José se parece muito com algumas equipes organizacionais. Trata-se de uma equipe de trabalho bastante envolvida com o resultado do projeto, com nível de motivação elevado e alto grau de comprometimento. Porém, as jovens não possuíam o conhecimento técnico para a realização da tarefa que lhes era exigida e sabiam que não dominavam o processo.

Neste caso, o professor José, como líder da equipe naquela situação, terá como seu foco principal a capacitação técnica e o treinamento, canalizando a motivação e o comprometimento já existentes para o aprendizado necessário.

◑ Baixa orientação para as relações

◐ Elevada orientação para a tarefa

Se você é líder e tem uma equipe parecida com a do professor José, concentre-se em capacitar as pessoas da melhor forma, para que juntos obtenham bons resultados.

Muito conhecimento, pouca motivação

Observar a realidade

Dra. Vera, médica bastante experiente, trabalhava em um famoso hospital há uns 20 anos. Ela chefiava de uma equipe de especialistas e procurava sempre ter em sua equipe médicos com alto grau de capacitação, geralmente formados nas melhores universidades do país.

Nos últimos meses, Dra. Vera estava vivendo uma situação muito peculiar. Sua equipe estava nitidamente vivendo algum tipo de conflito. Ela não conseguia perceber o que pudesse estar incomodando os médicos que trabalhavam com ela, mas o clima não estava bom. Eram todos, sem exceção, excelentes profissionais, cumpridores de suas tarefas e prestavam o melhor atendimento do hospital, mas mal trocavam palavras entre si. Ela sentia que algo estava errado.

Dra. Vera era exigente para com as questões técnicas e gostava de ter bons resultados; sempre proporcionava viagens a congressos e simpósios, incentivando os trabalhos voltados à ciência e à pesquisa, mas era da mesma forma atenta às relações com seus colaboradores e tinha nas mãos *a missão de solucionar essa questão antes que sua equipe entrasse em colapso.*

Dedicar tempo

1. Com base no texto, quais os aspectos positivos dessa equipe de médicos?

   _____
   _____
   _____
   _____

2. Em sua opinião o que a Dra. Vera precisa fazer para ajudar a equipe a ficar mais equilibrada?

   _____
   _____
   _____
   _____

Juntar as peças

A equipe de médicos da Dra. Vera tem semelhanças com equipes que atuam nos mais diversos locais de trabalho, independentemente da área profissional ou ramo de atividade. Muitas vezes nos deparamos com equipes de alto nível de conhecimento técnico, mas com relacionamento interpessoal muito complicado.

Nesse caso, o líder não precisa se preocupar com o treinamento voltado para conteúdo referente à atividade exercida, pois isso as pessoas já dominam; o que o líder pode fazer é criar momentos para que as pessoas possam expressar seus sentimentos e, assim, detectar soluções em parceria com os próprios envolvidos, para melhorar o ambiente de trabalho.

> ⇧ Elevada orientação para as relações
>
> ⇩ Baixa orientação para a tarefa
>
> Se você é um líder e possui uma equipe semelhante à da Dra. Vera, eleve o nível de orientação para as relações, dando atenção às pessoas com as quais atua.

SEM CONHECIMENTO, NEM MOTIVAÇÃO

Observar a realidade

Rita era a gerente daquele departamento havia mais de 10 anos e fazia três meses que a empresa tinha sido comprada por uma companhia maior. Mas algo muito sério estava acontecendo com a equipe de Rita. Todos estavam vivendo um momento de mudança intensa, mas de uma hora para o outra pareciam ter desaprendido tudo o que sabiam fazer, pois os procedimentos na empresa nova eram muito diferentes da empresa anterior e muitos erros estavam acontecendo no cumprimento das tarefas. Somado a esses erros havia também um estresse generalizado no escritório. As pessoas estavam muito descontentes e desmotivadas com as novas atribuições.

Tudo parecia estar dando errado e Rita viu-se como uma equipe sem conhecimento técnico adequado para as novas tarefas e sem a motivação necessária para criar um clima de trabalho mais leve e amistoso. Rita tinha autonomia para dispensar quem ela quisesse, mas preferia manter o mesmo quadro e, como líder, ainda tinha o desafio da nova empresa em alcançar os melhores resultados possíveis.

Dedicar tempo

1. O que está acontecendo na equipe descrita nesta situação?

2. Quais as ações que a gerente Rita pode empreender para restabelecer o equilíbrio da equipe?

Juntar as peças

A gerente Rita enfrenta um desafio parecido com o de muitos gerentes, que têm nas mãos equipes completamente desmotivadas e sem conhecimento técnico.

Os dois eixos estão fracos: seja o da tarefa e do resultado, seja o eixo das pessoas e das relações. O treinamento de novos procedimentos e até mesmo cursos e capacitações internas referentes aos novos assuntos darão ao grupo o conhecimento imediato necessário para a realização das tarefas. A presença atenciosa e o acompanhamento por parte da gerente em relação às pessoas, tanto do ponto de vista coletivo como do individual, permitirá ter contato com as questões que estão afligindo as pessoas e certamente soluções podem surgir desse diálogo.

◉ Elevada orientação para as relações

◉ Elevada orientação para a tarefa

Pode ser que sua equipe seja como a de Rita, e você, como líder, precisa atuar dando atenção tanto para as pessoas individualmente quanto para a execução de tarefas em equipe.

Alto astral,
alto desempenho

Observar a realidade

João foi convidado a mudar para outra cidade onde esperava encontrar um desafio profissional diferente dentro da mesma organização. Seria o novo diretor comercial de uma grande região e ele estava particularmente feliz porque já conhecia boa parte das pessoas da sua futura nova equipe.

Após alguns poucos meses em seu novo ambiente de trabalho, João estava muito surpreso com os resultados de sua equipe. Mas não eram só os resultados financeiros que lhe chamavam a atenção. Como líder experiente que era, notou algo diferente nessa equipe, e que já tinha sido motivo de elogios em momentos de reunião de diretores na matriz da empresa. Nem tudo era perfeito – é claro que existiam problemas a serem resolvidos –, mas a equipe tinha um jeito muito maduro de solucionar tanto as questões envolvendo pessoas, quanto os desequilíbrios operacionais. De modo geral, a equipe tinha um excelente nível de produção, e isso independentemente do grau de instrução dos membros, que era bastante diversificado.

É claro que, como diretor, João tinha muitos ajustes a fazer e grandes projetos para coordenar, mas graças ao seu grande carisma e a uma equipe tecnicamente preparada e motivada para a realização, o que poderia ser um desafio desgastante tornou-se uma interessante jornada de aprendizado para todas as partes envolvidas no processo.

Dedicar tempo

1. Qual é a maior característica desta equipe?
___
___
___
___
___

2. Muitos poderiam dizer que essa equipe é "perfeita e sem problemas". O que você pensa?
___
___
___
___
___

Juntar as peças

A equipe do diretor João pode ser vista como o sonho de todo líder. Fruto provavelmente de um investimento na capacitação das pessoas e uma gestão humanizada, equipes como esta certamente podem existir. E nesse caso, o desafio do líder só aumenta!

Uma equipe com alto nível de entrega e alto nível de motivação exige também um líder com uma visão mais ampla, não só das relações, mas também da gestão dos projetos e das tarefas a serem cumpridas. Diferentemente de um líder de equipes menos preparadas, quem tem em suas mãos uma equipe mais capacitada não precisa preocupar-se tanto, pelo menos num primeiro momento, com essa questão. O mesmo vale para os relacionamentos interpessoais. Mas, como num jardim, esse líder precisar continuar cuidando, podando, fornecendo os nutrientes necessários. Equipes assim não se contentam com pouco!

◐ Baixa orientação para as relações

◐ Baixa orientação para a tarefa

Aos líderes de equipe preparadas e motivadas cabe a grande missão de fortalecer e compartilhar constantemente, na medida certa.

Tudo ao mesmo tempo

Observar a realidade

Vamos agora rever as quatro situações apresentadas. O que elas têm em comum?

A resposta é que elas mostram, na verdade, a MESMA EQUIPE *em* MOMENTOS DIFERENTES! *Isso mesmo. A mesma equipe.*

Se você é líder, provavelmente já vive isso em seu dia a dia: uma mesma equipe passa por diversos momentos e diversas situações. Às vezes, podemos nos deparar com uma equipe que está muito motivada, mas que necessita de acompanhamento técnico e treinamento sistematizado para aprimorar procedimentos. Essa mesma equipe, após ser capacitada, logo atinge um nível ótimo de excelência e desempenho e pode passar da primeira situação para a quarta situação em um curto ou médio espaço de tempo. Agora, a equipe, além de motivada, está também preparada, mas pode sofrer alguma modificação, o que significa mudança no clima e nas expectativas do grupo, que mesmo tendo boa capacitação, poder experimentar momentos de crise e até mesmo regredir no processo. O líder que percebe a situação, age rapidamente no intuito de equilibrar essas forças, ou seja, busca o bem-estar das pessoas da equipe e também a qualidade na realização das tarefas. Ao fazer isso o líder terá em suas mãos uma equipe pronta para enfrentar os desafios no mundo do trabalho.

É claro que não podemos reduzir a liderança a esses dois eixos: pessoas e tarefas. No entanto, o líder que souber manter esses eixos em harmonia sentir-se-á muito mais realizado em suas atribuições. Tarefa fácil? Certamente, não. No entanto, tudo isso faz parte da missão dos líderes de hoje.

Converse com alguém

Tendo como referência as quatro situações apresentadas, assista à cena do filme proposta com outra pessoa e depois compartilhem suas impressões, levando em consideração todos os estágios pelos quais a equipe e a líder retratada passaram durante os momentos de ensaio e apresentação do coral. Registrem suas impressões.

_____
_____
_____
_____
_____

Assista à cena

Filme: *Mudança de hábito*

Ficha técnica: Título original: *Sister Act*
Gênero: Comédia
Duração: 1h40
Ano de lançamento: 1992
Direção: Emile Ardolino
Roteiro: Joseph Howard
Produção: Teri Schwartz

Sinopse: Em Reno, Nevada, Deloris Van Cartier (Whoopi Goldberg) é uma cantora que acidentalmente testemunha um assassinato cometido por seu namorado, Vince LaRocca (Harvey Keitel), um gângster. Enquanto tentam capturar Vince, o detetive Eddie Souther (Bill Nunn) é encarregado de proteger Deloris. Ela é colocada no programa de proteção às testemunhas e é mandada para um convento em San Francisco disfarçada de freira, usando o nome de irmã Mary Clarence. Mas o seu jeito extrovertido faz com que ela dê uma nova vida ao coral, chamando a atenção das pessoas.

Cena a assistir: Cena 16 – Nova diretora de música (aproximadamente 14 minutos).

Parte III

Chaves para o sucesso como líder

Quando conhecemos a nós mesmos, não nos sujeitamos a projetos nos quais não acreditamos. Quando conhecemos a nós mesmos, assumimos o comando de nossa existência e nos congregamos a outras pessoas que também estão na mesma sintonia de desenvolvimento. No momento em que nós despertamos para a necessidade da busca interior, tem início uma caminhada em direção à evolução
(MOREIRA, 2008, p. 84).

O mundo de hoje é movido pelo sucesso, reconhecimento e prestígio. Por isso é tentador olhar para as "chaves do sucesso" como um bilhete fácil para a conquista de um espaço ao sol. Mas a ideia central desta obra não é bem o sucesso dos cinco minutos de fama e glamour, e sim o sucesso do comprometimento individual para o crescimento e o amadurecimento. Em outras palavras, sucesso aqui significa autoconhecimento e o exercício da liderança começa quando se compreende sua importância.

Nesta terceira parte, vamos encontrar uma ferramenta simples que nos auxiliará nesse processo. Faremos uso de algumas palavras-chave que nos ajudarão ao longo do caminho. É claro que não se tem a pretensão de, em apenas seis palavras, apresentar uma receita mágica que conduzirá o líder nesse precioso e árduo aprendizado que é o conhecimento de si mesmo. Essas palavras serão apenas uma espécie de fio condutor da reflexão e você terá a oportunidade de avaliar cada uma delas e perceber o que despertam em você.

Quem se dispor a partir nessa busca pessoal, previna-se, pois não é algo simples e muito menos fácil. Conhecer a si mesmo requer disponibilidade para descobrir traços de nossa personalidade que nos dão muito orgulho, mas também sombras das quais nos envergonhamos bastante.

Ao exercer a liderança, a percepção sobre você mesmo e sobre as pessoas que o rodeiam passará por uma verdadeira revolução. Liderar não é preciso, justamente porque esbarra na vulnerabilidade e no imprevisto, que é a essência do próprio ser humano. Liderar não é preciso, porque simplesmente não há como fazer cálculos para chegar à personalidade perfeita que exercerá com exatidão a atribuição de ser líder. Liderança é um exercício de busca perene, no qual deve vigorar o profundo respeito pelas pessoas.

Conhecimento

*Para alcançar conhecimento, adicione coisas todo dia.
Para alcançar sabedoria, elimine coisas todo dia*
(LAO TSÉ).

Vivemos em uma época em que o conhecimento não é mais algo misterioso, disponível somente para algum seleto grupo. Hoje, através de livros, jornais, revistas, internet e tantos outros recursos, temos acesso a todo e qualquer tipo de informação. A questão é organizar essa informação e transformá-la em conhecimento de qualidade, para utilizá-lo como recurso no processo de desenvolvimento para o exercício da liderança.

O líder que se dedica em aprofundar os conteúdos necessários para o seu aprimoramento pessoal e o de sua equipe certamente está trilhando um caminho para a realização. Num mundo onde pouca coisa diferencia um profissional de outro, o conhecimento se torna fator de distinção.

Quem está no mercado reconhece o quanto isso é necessário no dia a dia. Saber sobre o negócio em que atua, perceber tendências, ter informações técnicas específicas são apenas uma parte do processo. O conhecimento hoje tem um papel fundamental para todos os profissionais, independentemente de sua área e segmento de atuação. Equipamentos têm um tempo de vida útil e quando usados em demasia se degradam, ao contrário do intelecto que, quanto mais é estimulado, mais se desenvolve. O exercício do aprendizado nos coloca como protagonistas de nossa história pessoal e na aceitação de maiores responsabilidades.

No entanto, de nada serve o mero armazenamento de informações na mente. Elas só são úteis quando colocadas a serviço também do aprendizado de outros à nossa volta. Daí surge uma das tarefas mais nobres do líder: a de compartilhar o seu conhecimento com as demais pessoas de sua equipe e de seu convívio.

Nossa capacidade intelectual tem de ser aprimorada diariamente e isso é algo que depende exclusivamente de cada um. O conhecimento gera profissionais melhores quando a ele se soma a motivação para realizar algo.

Prepare-se! Aprenda sempre coisas novas e faça bom uso delas!

Pense nisso

1. Atualmente quais são suas principais fontes de conhecimento?

_____

_____

2. Você tem o hábito de compartilhar o que aprende? De que maneira?

_____

_____

3. Que conhecimentos você precisa adquirir para melhorar seu desempenho como líder?

_____

_____

4. Como você considera o seu nível de conhecimentos gerais? Seria possível incrementá-lo?

_____

_____

5. Com que frequência você:

	Às vezes	Nunca	Sempre
Vai a museus e locais interessantes da sua cidade	[ ]	[ ]	[ ]
Vai a cinema, teatro, parques, livrarias	[ ]	[ ]	[ ]
Lê livros, jornais e revistas	[ ]	[ ]	[ ]
Participa de eventos culturais	[ ]	[ ]	[ ]
Faz cursos de aperfeiçoamento	[ ]	[ ]	[ ]
Conversa com pessoas sobre temas relevantes	[ ]	[ ]	[ ]

HABILIDADE

> *O lenhador se distingue muito mais pela sua habilidade do que pela sua força*
> (HOMERO).

Não basta saber, é preciso desenvolver-se e não parar no tempo. De acordo com Maria Rita Gramigna (2002, p. 20) "agir com talento, capacidade e técnica, obtendo resultados positivos, é o que chamamos de habilidade". Ela ainda enfatiza que "não adianta alguém saber fazer. Para obter reconhecimento, precisa demonstrar que sabe".

A habilidade requer disposição para o compartilhamento e a abertura para o desenvolvimento. E o profissional de hoje necessita aprimorar algumas características fundamentais para o sucesso no seu trabalho. As habilidades pessoais podem e devem ser aprimoradas. O crescimento pessoal e profissional se dá por meio da melhoria das habilidades que já possuímos ou no aprendizado de novas. A fluência em um segundo idioma ou o domínio de uma técnica especial para atender determinados tipos de clientes podem decidir o futuro de uma carreira.

Pensar em liderança é pensar em determinadas habilidades que os profissionais precisam desenvolver para tornar seu trabalho mais completo. Todos querem trabalhar numa excelente corporação; o que nem todos se lembram é que quem faz esta ou aquela empresa ser uma organização bem-sucedida são exatamente as pessoas e suas habilidades. São as pessoas que a fazem crescer.

Diariamente o líder é convidado a estar atento às próprias habilidades e criar possibilidades de melhoria, como por exemplo a comunicação, que é uma das mais requeridas na atividade de liderança. A comunicação clara, objetiva, transparente, terá repercursão em diversos aspectos no ambiente de trabalho.

Pense nisso

1. Quais são suas melhores habilidades?

___

___

___

2. Que habilidades você gostaria de aprimorar?

___

___

___

3. Como você avalia a sua disposição para aprender uma nova tarefa?

4. O que você sabe fazer e que os diferencia das outras pessoas?

5. Que sentimentos você percebe quando se vê diante de algo novo e diferente a ser aprendido? Isso é bom ou ruim? O que pode fazer a respeito?

ATITUDE

> *A atitude é o início de tudo*
> *e o principal componente da competência.*
> *Está relacionada com o "querer ser e querer agir"*
> (GRAMIGNA, 2002, p. 18).

Além do conhecimento e das habilidades precisamos ter atitude. Ninguém quer ter por perto pessoas negativas e pessimistas. Atitudes positivas, entusiastas e vibrantes são sempre bem-vindas em todo e qualquer lugar. Portanto, é necessário fazer uma autoavaliação e verificar que tipo de pessoas somos e se é necessário mudar nossa atitude diante dos fatos e de outras pessoas.

Apenas mediante atitudes renovadas é possível obter resultados diferentes em novos desafios, novos relacionamentos, novos projetos. Afinal, se você trilhar o mesmo caminho, chegará apenas e tão somente aos mesmos lugares. Se você está em fase de transição – e normalmente estamos, mas não nos apercebemos disso –, aceite o convite para refletir sobre suas atitudes. E corra o risco de não apenas ter ideias criativas e inovadoras, mas também livrar-se das antigas.

Atitudes são formadas por três componentes: cognição, afeto e comportamento. O plano cognitivo está relacionado ao conhecimento consciente de determinado fato, evento ou pessoa. O componente afetivo corresponde à emoção, ao sentimento que esse fato, evento ou pessoa desencadeia. Finalmente, a vertente comportamental está relacionada à intenção de comportar-se de determinada maneira com relação a alguém, alguma coisa ou acontecimento.

Pense nisso

1. Como você age na maioria das vezes com as pessoas que estão sempre com você? E com as pessoas que vê de vez em quando? Você considera esses modos de agir positivos ou negativos?

___
___
___

2. Como você lida com a sua ansiedade?

___
___
___

3. Você se considera uma pessoa de iniciativa? Por quê?

___
___
___

4. Com que frequência você:

	Às vezes	Nunca	Sempre
Toma iniciativa para projetos e trabalho	[ ]	[ ]	[ ]
Sorri e cumprimenta as pessoas mais próximas	[ ]	[ ]	[ ]
É positivo e entusiasmado	[ ]	[ ]	[ ]
Age cautelosamente, pensando em você e nos outros	[ ]	[ ]	[ ]
Inspira outras pessoas	[ ]	[ ]	[ ]
Entra em contato com seus sentimentos e emoções	[ ]	[ ]	[ ]

Visão

> *O planejamento nos dá oportunidade de conhecer a matéria da qual nos ocuparemos. É uma maneira de descobrirmos o que precisamos saber para ter êxito. Quanto mais conhecemos o território no qual adentraremos, maior nossa capacidade de manobra e acomodação no percurso* (HURSON, 2008, p. 203).

Qual é a visão que temos daquilo que está à nossa volta e quais ações devemos empreender para que nosso objetivo aconteça?

É claro que escrever um plano de passos e ações não garante que tudo irá acontecer como mágica, mas certamente nos garante o registro do que estamos pensando e durante a realização é possível avaliar se estamos no caminho correto ou se necessitamos fazer alguma alteração.

Planejar é, antes de tudo, uma necessidade inerente ao modo de vida do ser humano em sociedade. No nosso dia a dia estamos constantemente planejando, seja a utilização do salário, seja o número de filhos que desejamos ter. Saber planejar bem a própria vida é um sinal de sabedoria e um importante fator para a autorrealização. Se na vida pessoal precisamos saber planejar, essa necessidade torna-se ainda mais premente quando tratamos de organizações.

Por mais que pareça difícil definir objetivos para o futuro, numa era tão marcada pela incerteza, a empresa e as pessoas sem essa definição serão como um barco sem rumo. Esta pode ser uma maneira aparentemente cômoda de "navegar", mas que leva facilmente ao naufrágio. Planejar é, portanto, saber onde queremos chegar e antever as providências que precisam ser tomadas para garantir um trajeto seguro e bem-sucedido, com possibilidades de avaliação e mudança de rota.

Direto ao ponto

Você já parou para pensar o quanto o planejamento pode ajudá-lo a alcançar seus propósitos? Neste exercício simples, escreva algo que você quer atingir em cada um dos períodos. O fato de você escrever irá mobilizá-lo para a ação, pois certamente ao rever o seu plano você verá o que cumpriu e o que ainda não se concretizou. A tarefa não pretende gerar ansiedade, mas ajudar a pensar no quanto você tem se dedicado a realizar as coisas que realmente deseja.

Planejamento
1 semana ____/____/____   _____   _____
1 mês ____/____/____   _____   _____
6 meses ____/____/____   _____   _____
1 ano ____/____/____   _____   _____
3 anos ____/____/____   _____   _____
5 anos ____/____/____   _____   _____

ÉTICA

> *Os filósofos da ética fizeram o possível para estabelecer uma ponte entre as duas margens do rio da vida: o autointeresse e a preocupação com os outros*
> (BAUMAN, 2009, p. 124).

Ética é uma palavra de origem grega, com duas origens possíveis. A primeira é a palavra grega *éthos*, que pode ser traduzida por "costume"; a segunda se escreve *êthos*, que significa "caráter pessoal". A primeira é a que serviu de base para a tradução latina "moral", enquanto a segunda é a que, de alguma forma, orienta a utilização atual que damos à palavra "ética".

Ética é a investigação geral sobre aquilo que é bom. E o que tem a ver com a vida profissional? Tudo. Desde a relação com nossos pares, até a relação com chefias, clientes, familiares e amigos. O que é correto, justo, idôneo tem de ter lugar garantido na mente e no coração dos profissionais que almejam o sucesso.

Ser ético é o grande desafio da sociedade na qual vivemos. Em nosso trabalho, em nossa família, em nossa escola e comunidade somos convidados diariamente a praticar a ética que se manifesta por meio da honestidade, senso de justiça, da retidão de propósitos – características estas que devem fazer parte de qualquer ambiente. Ética e responsabilidade devem dar a direção de suas ações, que jamais poderão prejudicar as pessoas a sua volta. Devemos ter responsabilidade por atos, palavras e pensamentos. A divisão entre a ética e a falta dela pode ser muito clara, muito tênue e até mesmo invisível. Depende de cada um.

Pense nisso!

1. O que é ética?

___

2. Quais são os valores pessoais que pautam o seu comportamento diante da vida?

___

SABEDORIA

> *A sabedoria nunca nos é dada de presente.*
> *Temos que descobri-la por nós mesmos,*
> *depois de uma viagem que ninguém*
> *poderá poupar-nos ou fazer por nós*
> (PROUST).

Como se sabe, a palavra "filosofia" significa "ser amigo da sabedoria". Portanto, não é possível falarmos da sabedoria, tão necessária aos líderes de hoje, sem antes lançar um desafio a esses mesmos líderes.

O quanto você incomoda a sua equipe? O quanto você ajuda a sua equipe a pensar e ser criativa?

Ao longo deste livro tivemos a oportunidade de refletir sobre diversos temas, todos ligados ao mundo organizacional. Falamos em cultura e clima organizacional, equipe, poder, liderança, motivação... enfim, mapeamos alguns dos principais temas recorrentes nos ambientes tanto acadêmico quanto empresarial. No entanto, o líder que verdadeiramente quiser exercer seu papel com a nobreza e a generosidade que o cargo ou a atividade exige há de ter presente que o desafio é muito maior do que parece. E é aí que entra o papel da sabedoria.

Fazer o que todo mundo faz é fácil. Difícil é olhar para os seus valores mais profundos, suas crenças mais genuínas e encontrar aí a linha condutora de seu trabalho.

A sabedoria nos vem à mente como algo ligado aos filósofos da Antiguidade e mestres distantes da realidade prática da vida. Mas ela está mais perto do que você imagina. Sua semente está dentro de nós. Possivelmente por estar tão perto é que muitas vezes não nos damos conta e ficamos inquietos, pois algo nos incomoda, mas não sabemos bem o que é.

Se você é uma dessas pessoas, se é um líder que ajuda sua equipe a se questionar, a ser criativa em meio à cobrança do cotidiano, certamente deve incomodar muito. Não se assuste! É isso mesmo. Ser líder não é simplesmente ser um mediador entre as tarefas e as pessoas, mas conduzir as pessoas para o discernimento do melhor caminho para a execução das tarefas, que devem ser realizadas, sim, mas com propósito e sentido.

Converse com alguém

O que é ser sábio no mundo de hoje?

_____

_____

_____

Agora, depois de estudar as chaves propostas para a sua reflexão, anote no quadro abaixo as suas próprias palavras-chave, que tenham a ver com a sua realidade e, ao lado, as da pessoa com a qual você compartilhou este exercício.

	Chaves propostas para sua reflexão	Suas próprias palavras-chave	Palavras-chave da pessoa com a qual compartilhou o exercício
C	ONHECIMENTO		
H	ABILIDADE		
A	TITUDE		
V	ISÃO		
E	TICA		
S	ABEDORIA		

Considerações Finais

> *Empresas são feitas de pessoas para pessoas. A pedra fundamental da gestão está na contribuição conceitual e prática para uma vida mais saudável e com resultados legítimos de produtividade, qualidade, desenvolvimento e competitividade sustentável* (FRANÇA, 2006, p. 1).

Espero que você tenha chegado até aqui com muitas anotações feitas e boas ideias para colocar em prática no exercício de seu papel de líder.

Como foi dito, liderar não é uma tarefa simples. Mas se esse desafio foi proposto a você, certamente é porque se destacou de alguma maneira e, a partir desse momento, poderá dar a sua contribuição para sua comunidade, empresa, organização ou instituição, seja ela qual for.

O grande desafio de qualquer líder, em qualquer âmbito, é justamente conseguir congregar as pessoas, fazendo que elas se sintam felizes e produzam resultados positivos para a organização. Que a hostilidade do mundo não enfraqueça a chama do seu entusiasmo e da consciência de que conhecimento adquirido deve ser conhecimento compartilhado, transformado em subsídios úteis para outras pessoas que já são líderes ou estão se preparando para ser.

A recomendação proposta é que pesquisas sejam feitas no sentido de entender melhor a dinâmica das relações organizacionais, compreendendo quais elementos colaboram verdadeiramente para a saúde do trabalhador, em todas as suas dimensões.

Que mesmo em meio às cobranças e exigências do mercado, as pessoas possam sentir-se motivadas, comprometidas e acima de tudo ter líderes que colaborem não só para a melhor realização das tarefas, mas que sejam líderes empenhados no desenvolvimento das pessoas.

Viver não é preciso, assim como *liderar não é preciso*, não é exato. Existem inúmeras situações pelas quais um líder passa em seu cotidiano. Cabe a cada um aprimorar-se e amadurecer como pessoa e profissional por meio do autoconhecimento, auxiliado por muitos instrumentos, que são precisos e exatos, porque "navegar" continua sendo preciso, continua sendo exato.

Referências bibliográficas

ALBUQUERQUE, Francisco José Batista; PUENTE-PALÁCIOS, Kátia Elizabeth. Grupos e equipes de trabalho nas organizações. In: ZANELLI, José Carlos; BORGES-ANDRADE, Jairo Eduardo; BASTOS, Antonio Virgílio Bittencourt (Orgs.). Psicologia, organizações e trabalho no Brasil. Porto Alegre: Artmed, 2004, pp. 357-379.

BAUMAN, Zygmunt. A arte da vida. Rio de Janeiro: Jorge Zahar, 2009.

BOWDITCH, James L.; BUONO, Anthony F. Fundamentos do comportamento organizacional. 6. ed. Rio de Janeiro: LTC, 2006.

CAMÕES, Luís de. Os lusíadas. Lisboa: Casa de Antônio Gôçalez, 1572.

CHAROUX, Ofélia M. G. Metodologia: processo de produção, registro e relato do conhecimento. São Paulo: DVS Editora, 2006.

CHAUÍ, Marilena. Convite à filosofia. São Paulo: Ática, 1995.

CLOTAIRE, Rapaille. O código cultural. São Paulo: Campus, 2006.

DORNELLES, Geni de Sales. Metagestão: a arte do diálogo nas organizações. São Paulo: Saraiva, 2006.

ERVILHA, Antonio de Jesus Limão. Liderando equipes para otimizar resultados. São Paulo: Nobel, 2003.

FERRY, Luc. Aprender a viver: filosofia para os novos tempos. Rio de Janeiro: Objetiva, 2007.

FOUCAULT, Michel. A microfísica do poder. Rio de Janeiro: Edições Graal, 1979.

FRANÇA, Ana Cristina Limongi. Comportamento organizacional: conceitos e práticas. São Paulo: Saraiva, 2006.

GOULART, Íris Barbosa. Gerenciamento de pessoas: conceito, evolução e perspectivas atuais. In: GOULART, Íris Barbosa (Org.). Psicologia Organizacional e do Trabalho: Teoria, pesquisa e temas correlatos. São Paulo: Caso do Psicólogo, 2002, pp. 187-207.

GRAMIGNA, Maria Rita. Modelo de competências e a gestão dos talentos. São Paulo: Pearson Makron Books, 2002.

HUNTER, James C. O monge e o executivo. Rio de Janeiro: Sextante, 2004.

HURSON, Tim. Pense melhor. São Paulo: DVS, 2008.

KABACHNICK, Terri. I quit, but for to tell you. Dallas: Corner Stone, 2006.

KUGELMEIER, Werner K. P. Prisma: girando a pirâmide corporativa. Rio de Janeiro: Publit, 2007.

LEVY, Michael; WITZ, Barton A. Administração de varejo. São Paulo: Atlas, 2000.

LUZ, Ricardo. Gestão do clima organizacional. Rio de Janeiro: Qualitymark, 2003.

MINICUCCI, Agostinho. Teste de liderança situacional. São Paulo: Vetor, 1996.

MIRSHAWKA JUNIOR, Victor. O profissional focado em resultados. Revista Qualimetria, São Paulo: FAAP, n. 204, ago. 2008, pp. 70-71.

MISONO, Leyla Naomi; SANT'ANNA NETO, Paulo Ramires; ENDO, Gustavo de Boer. Teorias de liderança e elementos de liderança. In: FRANÇA, Ana Cristina Limongi. *Comportamento organizacional: conceitos e práticas*. São Paulo: Saraiva, 2006. pp. 56-89.

MÖLLER, Claus. Reclamação de cliente? São Paulo: Futura, 1999. In: JÚLIO, Carlos Alberto; SALIBI NETO, José (Orgs.). *Liderança e gestão de pessoas: autores e conceitos imprescindíveis*. Coletânea HSM Management. São Paulo: Publifolha, 2002.

MOREIRA, Maria Elisa. Autoconhecimento. *Revista Qualimetria*, São Paulo: FAAP, n. 208, dez. 2008, pp. 82-85.

NEIVA, Elaine Rabelo; PAZ, Maria das Graças Torres da. Percepção da influência no contexto do poder organizacional. In: *Revista RPOT – Psicologia: Organizações e Trabalho*, Florianópolis, Universidade Federal de Santa Catarina, v. 5, n. 1, jan./jun. 2005, pp. 113-128.

NEIVA, Elaine Rabelo; PAZ, Maria das Graças Torres da; MARTINS, Maria do Carmo Fernandes. O poder nas organizações. In: ZANELLI, José Carlos; BORGES-ANDRADE, Jairo Eduardo; BASTOS, Antonio Virgílio Bittencourt (Orgs.). *Psicologia, organizações e trabalho no Brasil*. Porto Alegre: Artmed, 2004, pp. 380-406.

OLIVEIRA, Jayr Figueiredo de; MARINHO, Robson M. (Orgs.). *Liderança: uma questão de competência*. São Paulo: Saraiva, 2006.

PESSOA, Fernando. *Obra poética*. Rio de Janeiro: Nova Aguilar, 1960.

QUALIMETRIA. *Inteligência cultural*. São Paulo: FAAP, n. 187, mar. 2007.

REDDIN, William James. *Eficácia gerencial*. São Paulo: Atlas, 1981.

ROBBINS, Stephen P. *Fundamentos do comportamento organizacional*. São Paulo: Pearson Education, 2004.

SCHEIN, Edgar H. *Cultura organizacional e liderança*. São Paulo: Atlas, 2009.

_____. *Guia de sobrevivência da cultura corporativa*. Rio de Janeiro: José Olympio, 2001.

SMITH, Gregory P. *Here today, here tomorrow*. Conyers, GA (USA): Chart Your Course International, 2004.

TEJON, José Luiz. *Liderança para fazer acontecer*. São Paulo: Gente, 2006.

UNDERHILL, Paco. *A magia dos shoppings: como os shoppings atraem e seduzem*. Rio de Janeiro: Elsevier, 2004.

VELOSO, Caetano. Os argonautas. *Caetano e Chico juntos ao vivo*. CD, Faixa 11, Universal Music, 1972.

ZANELLI, José Carlos; SILVA, Narbal. Cultura Organizacional. In: ZANELLI, José Carlos; BORGES-ANDRADE, Jairo Eduardo; BASTOS, Antonio Virgílio Bittencourt (Orgs.). *Psicologia, organizações e trabalho no Brasil*. Porto Alegre: Artmed, 2004, pp. 407-442.

ZENHA, Ronaldo. Navegar é preciso, viver não é preciso. Belo Horizonte: *Revista Bastidor*, v. 5, nov. 1993.

WEBGRAFIA

ALVES FILHO, Antônio; ARAÚJO, Maria Arlete Duarte de. Um estudo da força motivacional dos funcionários do Banco do Brasil à luz da teoria da expectativa. *Caderno de Pesquisas em Administração*, São Paulo, v. 08, n. 1, abr.-jun. 2001. Disponível em: <http://www.ead.fea.usp.br/cad-pesq/arquivos/v08-2art03.pdf>. Acesso em: 29 mar. 2007.

ASANOME, Cleuza Rocha. *Liderança sem seguidores: um novo paradigma*. 2001. 190 p. Tese (Doutorado em Engenharia de Produção). Universidade Federal de Santa Catarina, Florianópolis. Disponível em: <http://teses.eps.ufsc.br/defesa/pdf/4134.pdf>. Acesso em: 3 set. 2006.

BOSI, Alfredo. Entrevista sobre cultura. *Revista de Cultura e Extensão*. Pró-reitoria de Cultura e Extensão Universitária. Universidade de São Paulo, n. 0, jul.-dez. 2005. Entrevista concedida a Sandra Lencioni. Disponível em: <http://www.usp.br/prc/revista/entrevista.html>. Acesso em: 6 mar. 2007.

BOYADJIAN, João Paulo. Os números dos balanços confirmam: empresas que investem no clima organizacional são mais lucrativas. In: COSTA, Leandro. *Canal RH, Carreira – Vida e Trabalho*. Publicado em 1/3/2007. Disponível em: <http://www.canalrh.com.br/Mundos/Imprimir.asp>. Acesso em: 1 mar. 2007.

BUENO, Marcos. As teorias de motivação humana e sua contribuição para a empresa humanizada: um tributo a Abraham Maslow. *Revista do Centro de Ensino Superior de Catalão – CESUC*, Ano IV, n. 6, 1. semestre 2002. Disponível em: <http://www.cesuc.br/revista/ed-1/ASTEORIASDEMOTIVACAOHUMANA.pdf>. Acesso em: 15 jan.2007.

COSTA, Leandro. Os números dos balanços confirmam: empresas que investem no clima organizacional são mais lucrativas. *Canal RH, Carreira – Vida e Trabalho*. Publicado em 1/3/2007. Disponível em: <http://www.canalrh.com.br/Mundos/Imprimir.asp>. Acesso em: 1 mar. 2007.

GALVÃO, Cristina Maria et al. Liderança situacional: estrutura de referência para o trabalho do enfermeiro-líder no contexto hospitalar. *Revista Latino-Americana de Enfermagem*, Ribeirão Preto, v. 6, n. 1, 1998. Disponível em: <http://scielo.br/scielo.php?script=sci_arttex&pid=S0104-11691998000100011&Ing=en&nrm=iso>. Acesso em: 22 fev. 2007.

GUIMARÃES, Magali Costa. Clima organizacional na empresa rural, um estudo de caso. *Caderno de Pesquisas em Administração*. São Paulo, v. 11, n. 3, pp. 11-27, jul.-set. 2004. Disponível em: <http://www.ead.fea.usp.br/cad-pesq/arquivos/v11n3art2.pdf>. Acesso em: 10 set. 2006.

LAROS, Jacob A.; PUENTE-PALÁCIOS, Katia E. Validação cruzada de uma escala de clima organizacional. *Estudos de Psicologia*, Natal, v. 9, n. 1, pp. 113-119,

2004. Disponível em: <http://www.scielo.br/scielo.php?script=sci_arttext&pid=S1413-294X2004000100013&lng=pt&nrm=iso>. Pré-publicação. doi: 10.1590/S1413-294X2004000100013. Acesso em: 22 mar. 2007.

LEZANA, Álvaro et al. Liderança: uma habilidade necessária no empreendedor de sucesso. In: Congresso Brasileiro de Ensino de Engenharia, Anais: COBENGE 2001, Porto Alegre. Disponível em: <http://www.pp.ufu.br/Cobenge2001/trabalhos/EMP015.pdf>. Acesso em: 22 nov. 2006.

MACEDO, Luiz Carlos de. A prática da responsabilidade social no setor varejista brasileiro, 2005, 100 p. *Especialização em Gestão de Iniciativas Sociais*. Universidade Federal do Rio de Janeiro, Rio de Janeiro. Disponível em: <www.aberje.com.br/novo/livros/tcc_luizmacedo.pdf>. Acesso em: 9 set. 2006.

MEIRA, Paulo Ricardo dos Santos. *Shopping centers de Porto Alegre: um estudo de serviço ao cliente final*. 1998, 204 p. Dissertação (Mestrado em Administração com ênfase em Marketing), Universidade Federal do Rio Grande do Sul, Porto Alegre. Disponível em: <http://volpi.ea.ufrgs.br/teses_e_dissertacoes/td/000040.pdf>. Acesso em: 10 set. 2006.

PUENTE-PALÁCIOS, Kátia Elizabeth. *A influência das características pessoais e ambientais na avaliação do clima social do trabalho*. Laboratório de Psicologia Ambiental, Universidade de Brasília, v. 4, n. 9, 1995. Disponível em: <http://www.unb.br/ip/lpa/pdf/tlp19950409.pdf>. Acesso em: 9 set. 2006.

QUINTELLA, Heitor Luiz. Estudos acerca dos impactos da liderança sobre a cultura organizacional em sociedades abertas. In: XXXVI SBPO 2004 (São João Del Rei – MG, Novembro, 2004). *SBPO. Relatórios de Pesquisa em Engenharia de Produção*, UFF, Niterói, v. 5, n. 8, 2005. Disponível em: <http://www.producao.uff.br/rpep/RealPesq_V5_2005_08.pdf>. Acesso em: 13 set. 2006.

RECH, Carla Regina Bedel. *O papel do imaginário no desenvolvimento de lideranças femininas*. 2001, 158 p. Dissertação (Mestrado em Administração). Universidade Federal do Rio Grande do Sul, Porto Alegre. Disponível em: <http://volpi.ea.ufrgs.br/teses_e_dissertacoes/td/000540.pdf>. Acesso em: 11 abr. 2007.

RÉVILLION, Anya Sartori Piatnicki. *Inter-relações entre a orientação para o cliente, cultura organizacional e cultura do varejo brasileiro e seu impacto no desempenho empresarial*. 2005. 317 p. Tese (Doutorado em Administração). Universidade Federal do Rio Grande do Sul, Porto Alegre. Disponível em: <http://www.volpi.ea.ufrgs.br/teses_e_dissertacoes/td/000697.pdf>. Acesso em: 29 mar. 2006.

SCHNEIDER, Alexandre Marcelo. *Análise da influência dos valores do cooperativismo na definição dos estilos de liderança*. 2005. 230 p. Dissertação (Mestrado em Administração) Universidade Federal do Rio Grande do Sul, Porto Alegre. Disponível em: <http://volpi.ea.ufrgs.br/teses_e_dissertacoes/td/007110.pdf>. Acesso em: 7 dez. 2006.

TAVARES, Fernanda Pereira. A cultura organizacional como um instrumento de poder. *Caderno de pesquisas* em *Administração*, São Paulo, v. 1, n. 3, 2. semestre, 1996. Disponível em: <http://www.ead.fea.usp.br/cad-pesp/arquivos/C03-art03.pdf>. Acesso em: 30 jan. 2007.

TORQUATO, G. *Cultura, poder, comunicação e imagem: fundamentos da nova empresa*. São Paulo: Pioneira, 1991. In: ZAGO, Célia Cristina. *Modelo de arquitetura da cultura organizacional: marco as dimensões da cultura organizacional suportadas pela sua inter-relação com as variáveis do comportamento humano*. 2000, 159 p. Tese (Doutorado em Engenharia Produção) Universidade Federal de Santa Catarina, Florianópolis. Disponível em: <http://teses.eps.ufsc.br/defesa/pdf/2407.pdf>. Acesso em: 10 set. 2006.

ZAGO, Célia Cristina. *Modelo de arquitetura da cultura organizacional – marco as dimensões da cultura organizacional suportadas pela sua inter-relação com as variáveis do comportamento humano*. 2000, 159 p. Tese (Doutorado em Engenharia Produção) Universidade Federal de Santa Catarina, Florianópolis. Disponível em: <http://teses.eps.ufsc.br/defesa/pdf/2407.pdf>. Acesso em: 10 set. 2006.

Sumário

Agradeço..7

Prefácio 9

Legenda 13

Como ler este livro...15

Parte I
Liderar não é preciso

Comportamento organizacional...........................25

Origem da palavra "cultura"..................................33

Cultura organizacional..37

Clima organizacional...49

Motivação..57

Liderança...67

Liderança e poder 72

Liderança e grupos de trabalho.............................77

Liderança situacional...79

Parte II
Situações práticas na vida de um líder

Muita garra, pouca técnica 95

Muito conhecimento, pouca motivação 98

Sem conhecimento, nem motivação 101

Alto astral, alto desempenho 104

Tudo ao mesmo tempo 107

Parte III
Chaves para o sucesso como líder

Conhecimento 113

Habilidade 116

Atitude 119

Visão 122

Ética 125

Sabedoria 127

Considerações finais 130

Referências bibliográficas 132

Webgrafia 136

Rua Dona Inácia Uchoa, 62
04110-020 – São Paulo – SP (Brasil)
Tel.: (11) 2125-3500
paulinas.com.br – editora@paulinas.com.br
Telemarketing e SAC: 0800-7010081